Owen Bishop

Aventuras con plantas pequeñas

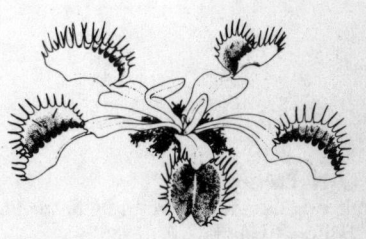

EDITORIAL LABOR, S. A.

Traductora: Montserrat Comelles Folch

Primera edición: 1986

© O. N. Bishop, 1983
Título original: *Adventures with Small Plants*
© Editorial Labor, S. A., 1986
    Calabria, 235-239 - 08029 Barcelona
Depósito legal: B. 37.910 - 1986
ISBN: 84-335-8462-6
Printed in Spain - Impreso en España
Impreso en: Romanyà/Valls, Verdaguer, 1 - Capellades (Barcelona)

LA VIDA DE LAS PLANTAS PEQUEÑAS

Cualquiera que haya cultivado una planta alguna vez, ya sea en una pequeña maceta o en un gran jardín, conocerá la emoción de ver nacer una hoja o abrirse una flor. En este libro, vamos a combinar el placer de ver crecer las plantas con interesantes experimentos que nos permitirán investigar y explicar algunos de los aspectos más fascinantes del mundo de los pequeños vegetales.

La mayoría de las plantas pequeñas se han adaptado a vivir en los hábitats peores del mundo, donde muchas veces explotan las fuentes de alimento y energía que las plantas mayores no utilizan o desprecian. Por ello, han desarrollado maneras de aprovechar al máximo los pocos recursos que pueden encontrar, y poseen métodos inusuales de reproducción que les permiten sobrevivir.

La vegetación puede adaptarse al ambiente que le rodea de distintas maneras:

— Las plantas que viven en áreas donde las fuentes de alimento nitrogenado son escasas tienen que ser carnívoras para paliar esta deficiencia, y tienen estrategias especiales para atrapar y digerir insectos.

— Las plantas del desierto poseen dispositivos especiales para recoger y conservar agua.

— Las plantas acuáticas están adaptadas para obtener el alimento y el oxígeno del agua y para resistir la fuerza de la corriente del agua.

— Finalmente, algunos vegetales son tan pequeños que

resultan invisibles a simple vista y viven en las aguas estancadas o en la humedad que guarda la hojarasca; a veces, en claro peligro de desecación.

Este libro repasa la forma de vida de estas y muchas otras plantas, explica la manera de construir aparatos adecuados para estudiarlas y ofrece una guía para preparar «hábitats artificiales».

Clave de símbolos

Al empezar cada capítulo encontrarás dos o más de los símbolos siguientes, que indican el período adecuado para recoger el material vegetal que vas a estudiar.

primavera

otoño

verano

invierno

1. Esporas que dan helechos

Los helechos se reproducen dos veces a lo largo de su ciclo de vida. La primera vez producen millones de pequeñas esporas en unos esporangios situados en la cara inferior de sus hojas. Los dibujos de la página 8 muestran el lugar donde se forman las esporas. De estas esporas se desarrollarán nuestros helechos.

Si caen en suelo húmedo y la atmósfera que las envuelve también es húmeda, las esporas empiezan a desarrollarse rápidamente. Cada espora da lugar a una pequeña forma verde y aplanada, llamada *prótalo*. En la mayoría de los helechos, tiene sólo unos milímetros de diámetro y necesita humedad constante. Poco tiempo después, en cada prótalo se desarrolla una parte femenina y una parte masculina. Cada parte femenina produce un huevo, y cada parte masculina produce muchos espermatozoides diminutos. Estos espermatozoides nadan por la película de agua que cubre el prótalo, atraídos hacia los huevos y, al final, cada espermatozoide se fusiona con un huevo, por un proceso llamado fecundación. Los huevos fecundados se desarrollan rápidamente para dar lugar a un nuevo helecho, con raíces, hojas y un tallo rastrero. En las hojas de esta nueva planta se desarrollarán muchas esporas y el ciclo volverá a empezar.

Producción de esporas por un helecho
(Dryopteris filixmas)

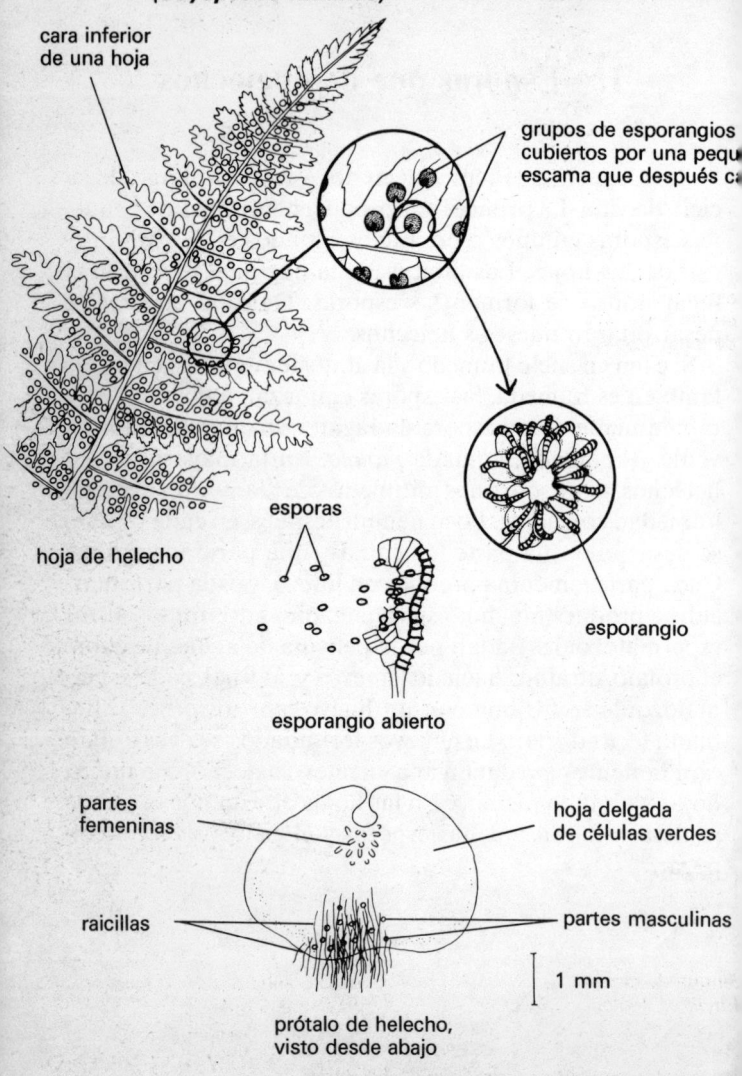

cara inferior de una hoja

grupos de esporangios cubiertos por una pequ[eña] escama que después c[ae]

hoja de helecho

esporangio

esporas

esporangio abierto

partes femeninas

hoja delgada de células verdes

raicillas

partes masculinas

1 mm

prótalo de helecho, visto desde abajo

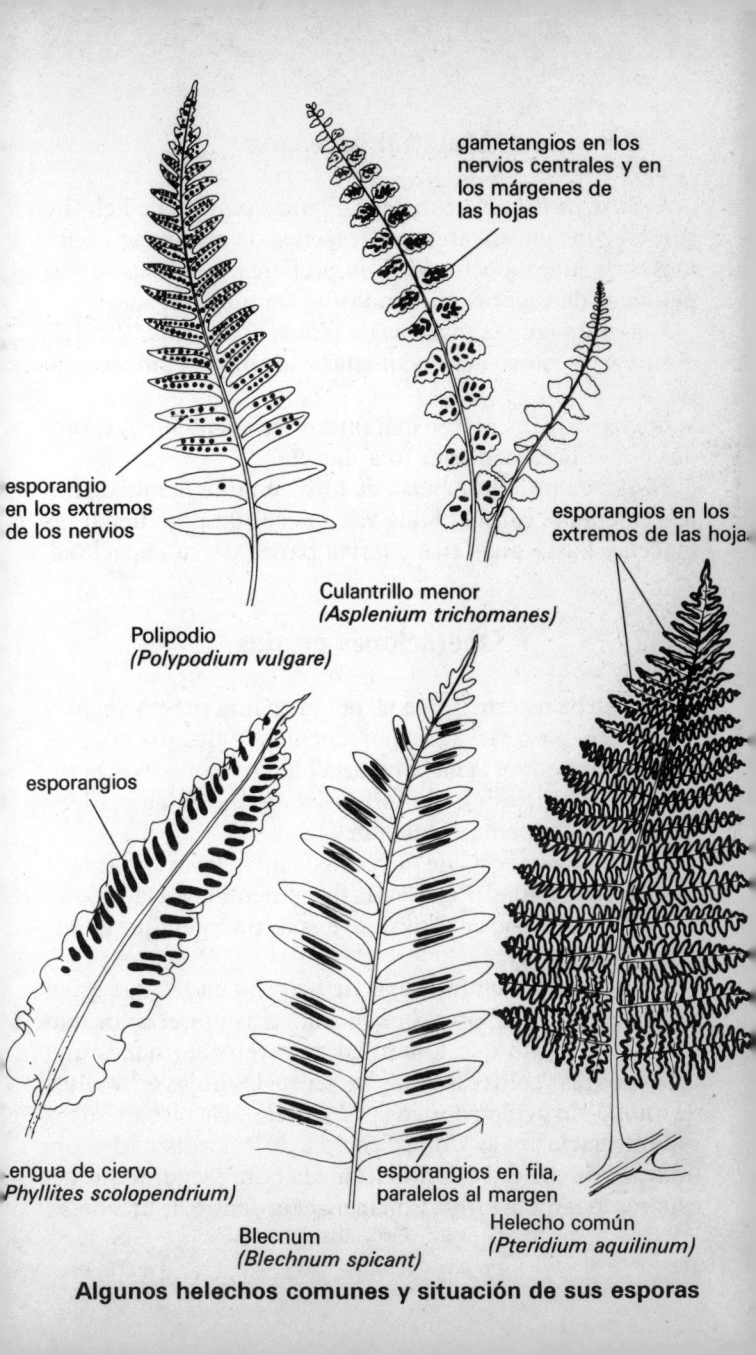

Algunos helechos comunes y situación de sus esporas

Material necesario

Esporas de helecho: consigue algunas plantas de helecho con esporas en sus hojas. Son fáciles de encontrar en los meses de junio a octubre. Si lo prefieres, puedes comprar paquetes de esporas en tiendas de semillas vegetales.

Macetas: algunas macetas de plástico, de unos 10 cm de diámetro y otras más pequeñas, de unos 5 cm de diámetro.

Bolsas de plástico: transparentes y suficientemente grandes como para contener una maceta.

Turba: compra una bolsa de turba en una tienda de flores; calcula la cantidad que vas a necesitar para llenar las macetas hasta unas tres cuartas partes de su capacidad.

Operaciones previas

Si la turba no está húmeda, ponla en una cubeta ancha y échale un poco de agua por encima. Agita un poco la cubeta para que el agua se reparta bien por toda su superficie. Pero no dejes que la turba se empape de agua: debe estar húmeda pero no mojada.

Llena cada maceta de turba hasta unas tres cuartas partes de su capacidad. Presiónala firmemente con el fondo de otra maceta (como en el dibujo) hasta conseguir que quede plana por encima.

Escoge unas cuantas hojas de helecho en las que estén madurando las esporas, que reconocerás por el color marrón amarillento que toman en su reverso. Si tienes una lupa, podrás ver los esporangios. Corta las hojas en trocitos de unos 3 cm y colócalos en la superficie de la turba, con las esporas hacia abajo. Coloca encima de los pedazos de hoja un trozo de corteza de árbol húmeda para asegurar que las esporas tocan a la turba. Pon la maceta dentro de una bolsa de plástico, cuidando de no volcar la turba ni las hojas. Cierra la bolsa con un trozo de alambre.

Si has comprado las esporas en la tienda, simplemente prepara la maceta de turba como antes y esparce las esporas por igual en toda la superficie. En este caso, no las cubras, puesto que ya se han metido por entre la turba y empezarán a germinar.

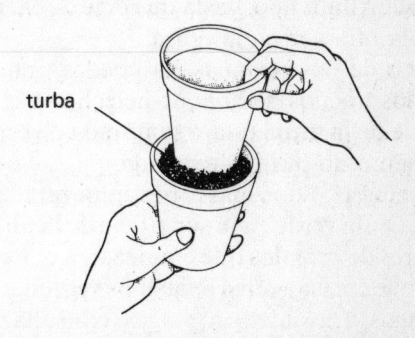

Cómo presionar la turba de una maceta con otra maceta

Los helechos aman los rincones húmedos y umbríos pero crecen más rápido si, además, son cálidos. Si vas a mantener las macetas en un invernadero fresco (sin calefacción), colócalas bajo un banco o a la sombra de una planta más grande. Si vas a tenerlas al aire libre, colócalas en la repisa de una ventana, pero cuidando que no reciban el sol directamente.

El cultivo de helechos

Abre la bolsa de plástico una o dos veces por semana. Si al tocar la turba no te parece húmeda, coloca la maceta dentro de una cubeta ancha con un poco de agua; el nivel de agua de la cubeta debe quedar unos milímetros más bajo que la superficie de la turba de la maceta. El agua penetrará por el agujero del fondo de la maceta y empapará la turba. Déjalo así durante unos 10 minutos o más. De este modo, el agua no estropeará las esporas, puesto que ya están germinando en la superficie de la turba. Cuando te parezca que la turba ya está húmeda, levanta la maceta y déjala escurrir un rato, hasta que deje de caer agua. Entonces, ponla otra vez en la bolsa.

Al cabo de dos semanas, ya puedes tirar la corteza de árbol y los trocitos de hoja de helecho. A estas alturas, la superficie de la turba estará sembrada de esporas, aunque de momento no puedas ver nada.

Una semana o dos más tarde empezará a aparecer una ligera película verde en la superficie de la turba. Se trata de centenares de prótalos que empiezan a crecer. También es posible que crezcan otros pequeños vegetales, como pequeños musgos, y posiblemente algas (consulta el cap. 11). Sin embargo, si compraste la turba en una bolsa precintada es probable que no crezca nada más.

Prepara ahora otras macetas, de las pequeñas, con turba húmeda. Usa una cuchara o la hoja de un cuchillo para recoger pequeñas porciones de turba con prótalos y distribuirlas por las nuevas macetas. Coloca estas macetas en bolsas de plástico y en un lugar sombrío. Cuando veas que aparecen pequeñas plantitas verdes en la capa verdosa de las superficie es que ya han nacido las nuevas plantas de helecho, desarrolladas a partir de los huevos fecundados. Recoge cada una de éstas y pásala a otra pequeña maceta con una mezcla de turba y tierra de jardín, a partes iguales. Estas plantas necesitan humedad, pero es importante que la mezcla de tierras no esté demasiado empapada de agua, puesto que ello perjudicaría el desarrollo de las raíces de la nueva planta de helecho. En esta etapa del desarrollo, las plantas necesitan una atmósfera húmeda, pero no demasiado. Cubre las macetas con un cristal, como en el dibujo (si las macetas son de plástico, pon pequeños palitos de madera para separar el cristal, como explicamos en el capítulo siguiente), y, periódicamente, limpia el agua de condensación que se concentra en la cara inferior del cristal, para evitar que se formen mohos. Cuando las plantas ya tengan unos centímetros de altura, deberás cambiarlas a macetas más grandes con mezcla de tierra y turba. Procura sacarlas con una buena capa de turba para no dañar las raíces. Ahora ya no será necesario cubrir las plantas. Pue-

Macetas cubiertas con un cristal

des usarlas para decorar la casa, o plantarlas en un invernadero, resguardadas de la luz directa. Si las has cultivado partiendo de los paquetes de esporas de la tienda, puede ser que se trate de helechos tropicales y, por lo tanto, tendrás que tenerlas en una habitación cálida o en un invernadero con temperatura controlada. Al aire libre, puedes ponerlas en el alféizar de una ventana, incluso por la parte de afuera. En las noches de invierno es mejor entrarlas. Si las has cultivado a partir de los helechos que tú mismo encontraste en el campo, podrás plantarlas en el jardín. Procura escoger un rincón que se parezca al lugar de donde las cogiste. Algunos helechos viven bien en una pared, si las plantas progenitoras también eran de pared; busca alguna pequeña hendidura, en la que puedas insertar la planta con un poco de tierra. Primero tendrás que regarla, pero al cabo de un tiempo ella misma se arreglará con el agua de lluvia. Consulta el apartado «Cómo preparar el agua de riego», en la página 119. Cada dos semanas, tendrás que regar los helechos de las macetas con agua mezclada con una pequeña cantidad de fertilizantes químicos (consulta la página 120). Prepara sólo una pequeña cantidad de esta solución, ya que no se mantiene en condiciones más que durante dos o tres días.

2. Un jardín de musgos

Aunque puedas pensar que todos los musgos son iguales, recolectándolos para preparar un jardín de musgos pronto te darás cuenta de que existen docenas de musgos distintos. La mayoría de ellos son fáciles de cultivar y, puesto que son tan pequeños, es posible mantener una amplia variedad de ellos en el alféizar de una ventana.

Material necesario

Un recipiente en el que instalar nuestro jardín. El más adecuado es una cubeta de plástico o de cristal. Si tienes un viejo acuario puedes usarlo perfectamente, aunque tenga algún punto de escape. También puedes usar una caja de helados (de las de dos litros), pero como no tiene los lados de plástico transparente tendrás que conformarte con ver tu jardín sólo desde arriba.

Mezcla de tierras vegetales. Te bastará con una cantidad suficiente para cubrir el fondo de la cubeta con una capa de unos 4 centímetros.

Grava fina. Sólo la necesitarás para cubrir el fondo de la cubeta con una capa de unos 2 cm de grosor, y en el caso de que uses un recipiente de cristal.

Un cristal para cubrir el recipiente, y *unas maderitas* para mantenerlo ligeramente levantado (mira el dibujo).

Una cucharilla o un palito plano de madera o de plástico (por ejemplo, el plástico donde llevan el nombre las plantas de jardinería) para usarlo como pala.

Unos cuantos tubos pequeños u otros recipientes (por ejemplo, tarros de yogur, cajas de cerillas, etc.) para alojar a los pequeños animales que encuentres en el jardín.

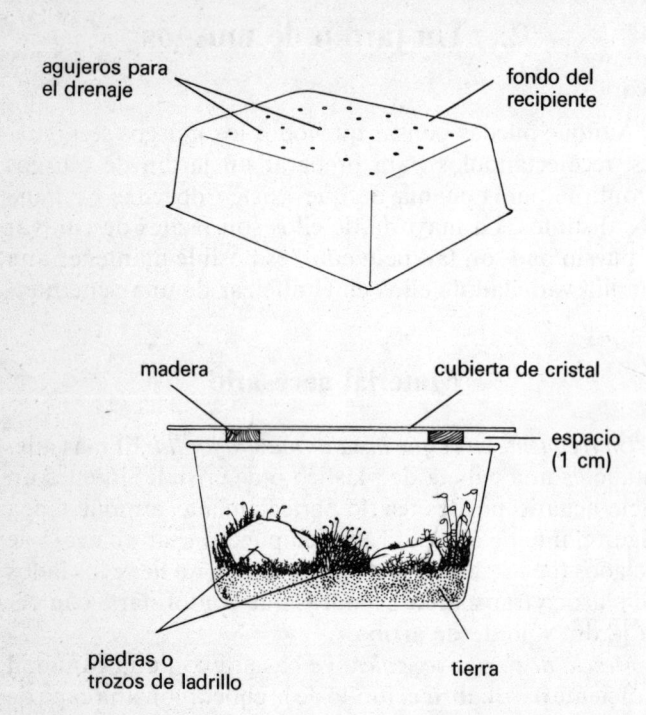

Jardín de musgos en un recipiente de plástico

Un pincel de acuarela pequeño para recoger a los organismos más pequeños.
Una lupa.
También puedes necesitar *los materiales para construir un embudo de Tullgren,* que se indican en las páginas 21 y 22.

Operaciones previas

Si vas a usar un recipiente de plástico, deberás prepararlo haciéndole algunos agujeros en el fondo, para asegurar el drenaje; los agujeros deben tener unos 2 mm de diámetro y separados entre sí unos 5 cm. Si vas a usar un cartón de helados, puedes hacer los agujeros con un clavo y un martillo. Hay algunos plásticos que se rompen fácilmente y que, por lo tanto, hay que manejar con cuidado; en este caso, puedes usar un taladro para hacer los agujeros, pero sin apretar muy fuerte, para evitar que el plástico se resquebraje. Si dispones de un recipiente de cristal, tendrás que renunciar a hacerle agujeros; pero podrás mantenerlo bien drenado colocando una capa de unos 2 cm de grava fina en el fondo.

A continuación, puedes colocar en el recipiente una capa de «compost» (tierra fértil) de unos 3 cm de grosor. Presiónala firmemente y procura dejar la superficie lisa. Si quieres, puedes hacer esta capa más gruesa en un lado del recipiente, y tendrás una superficie inclinada.

Coloca el recipiente en el alféizar de una ventana donde llegue directamente la luz. En verano deberás evitarle la luz directa del sol, pero el resto del año puedes mantenerlo sin cubrir.

Busca, en los alrededores de tu casa o de la escuela, un lugar donde creas que pueda haber musgos y procura recoger muchos distintos. Si puedes conseguir un libro en el que se describan los distintos tipos de musgos, encontrarás información sobre el lugar donde buscarlos y cómo reconocerlos. Muchos musgos viven en lugares húmedos y sombríos, pero también los hay que viven en lugares secos. Muchas veces los verás creciendo en lugares donde apenas hay la tierra precisa para albergar pequeños vegetales, pero insuficiente para que enraícen allí plantas algo mayores. Debes buscarlos en lugares como los siguientes:

Entre la hierba de un prado
En los techos de tejas, especialmente en el lado que da al norte
En zanjas mal drenadas o abandonadas
En las grietas del pavimento
En los muros de piedra
En suelo húmedo de rincones umbríos del jardín
En vallas y postes de madera húmedos
En las paredes de madera de los invernaderos
En el suelo, alrededor de las macetas del jardín
En rocas o en escalones
En las cortezas de los árboles

Los musgos se dan bien en las rocas calizas. Si recoges algunos, llévate también unos trozos de piedra caliza para ponerlos en tu recipiente. A lo mejor, te das cuenta de que otras clases de musgo crecen mejor sobre roca o ladrillo húmedos que directamente sobre el «compost». Coloca las piedras medio enterradas en el «compost» para que se mantengan húmedas.

No es necesario que llenes de musgos toda la superficie del recipiente. Planta sólo una pequeña área o varias, digamos de unos 4 cm de diámetro, con cada clase de musgo. Coloca los más altos a un lado y los más pequeños al otro, de modo que puedas distinguirlos fácilmente. Puedes adornar el conjunto con toda clase de cosas (o quizá prefieras arreglarlo como un jardín), a fin de que los musgos con formas y colores contrastados queden situados de lado. Un jardín de musgos dispuesto artísticamente es un elemento decorativo muy atractivo para una habitación. Deberás regarlo de cuando en cuando. Usa una regadera pequeña o un pulverizador de los que venden para regar plantas de interior. Si utilizas un recipiente de cristal no debes regarlo demasiado, ya que la capa de grava llegaría a empaparse de agua. Si el recipiente que has usado tiene agujeros en el

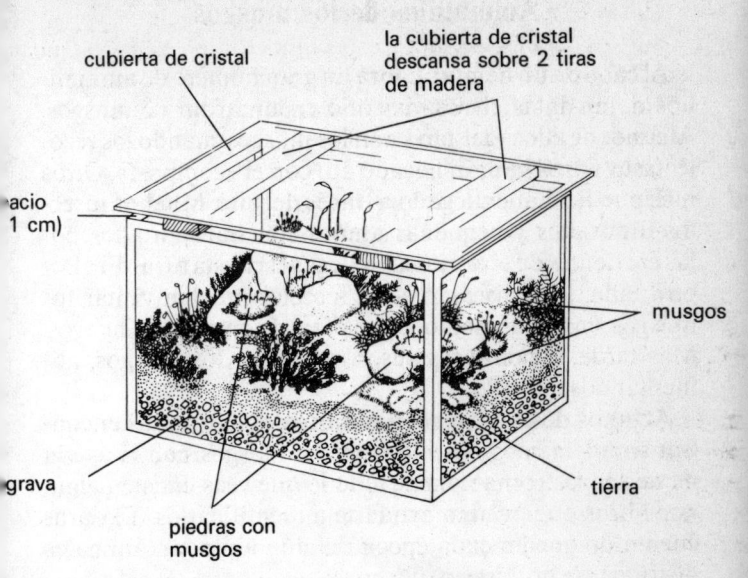

Diagrama:
- cubierta de cristal
- la cubierta de cristal descansa sobre 2 tiras de madera
- espacio (1 cm)
- musgos
- grava
- piedras con musgos
- tierra

Jardín de musgos en un acuario

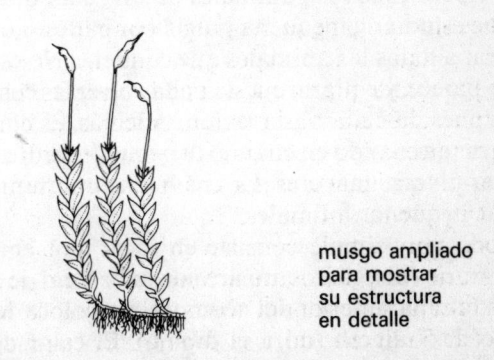

musgo ampliado para mostrar su estructura en detalle

fondo, deberás ponerlo dentro de una palangana o en el fregadero mientras lo riegas, y dejarlo allí hasta que deje de colar agua. Cada dos o tres semanas, usa agua con fertilizante (página 120).

19

Animalillos de los musgos

Al cabo de un tiempo, habrá un gran número de animalillos de distintas clases viviendo en tu jardín de musgos. Algunos de ellos ya estarían en los musgos cuando los recolectaste. Otros habrán llegado allí con el «compost». Otros más pueden haber llegado a través del aire. Muchos insectos diminutos y pequeñas arañas son transportados por las corrientes de aire y pueden llegar así hasta tu jardín. Por otro lado, las moscas y otros insectos pueden visitar tus musgos en el momento de realizar la puesta de huevos. Más tarde, encontrarás sus larvas entre los musgos, alimentándose de ellos.

Algunos de estos pequeños animales los podrás encontrar simplemente mirando entre los musgos, con la ayuda de una lupa. Toma nota de todo lo que veas. Existen algunos libros que pueden ayudarte a identificarlos. Te darás cuenta de que en cada época del año abundan animales distintos en tu terrario.

No es fácil ver todos los animales de una sola ojeada. Tendrás que estudiar tu pequeña jungla por partes si quieres encontrar a todos los animales que contiene. No es tan malo como parece, ya que no cuesta nada volver las cosas a su sitio después de cada observación. Además, es conveniente aclarar de cuando en cuando tu pequeño jardín, eliminando las plantas mayores. Es una buena oportunidad para buscar pequeños animales.

Un método muy simple consiste en sacar, por entero, parte del terrario (pongamos, un área de unos 8 cm de diámetro), con la capa superior del «compost», y colocarlo en un embudo de Tullgren (mira el dibujo). El calor de la lámpara va secando gradualmente el «compost» y los musgos. Los animales que se encontraban en ellos se van desplazando hacia abajo para evitar secarse. Entonces, caen en el embudo y van a parar a un tarro que contiene papel húmedo. Conviene colocar algodón entre el tarro y el embudo para evitar que los animalitos escapen. Al cabo de un día, más o menos, todos los animales habrán caído en el tarro. Entonces puedes dedicarte a identificarlos y a contar cuántos hay de cada clase.

Cómo construir y usar un embudo de Tullgren

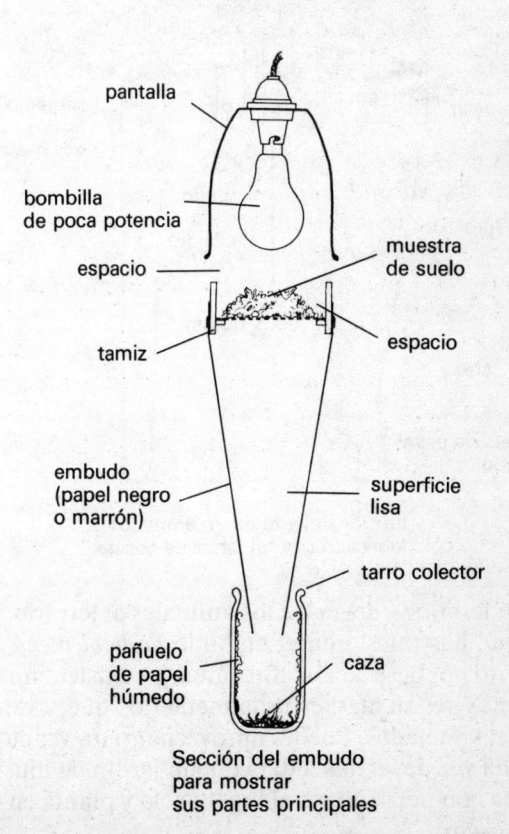

- pantalla
- bombilla de poca potencia
- espacio
- muestra de suelo
- tamiz
- espacio
- embudo (papel negro o marrón)
- superficie lisa
- tarro colector
- pañuelo de papel húmedo
- caza

Sección del embudo para mostrar sus partes principales

lámpara de mesa para calentar la muestra

asa del tamiz fijada a la mesa

mesa

muestra de tierra

tamiz de cocina de poro grueso

sargento fijado a la mesa

embudo de papel enrollado y pegado

embudo pegado al cilindro

unos 60 cm

tarro

pañuelo de papel húmedo

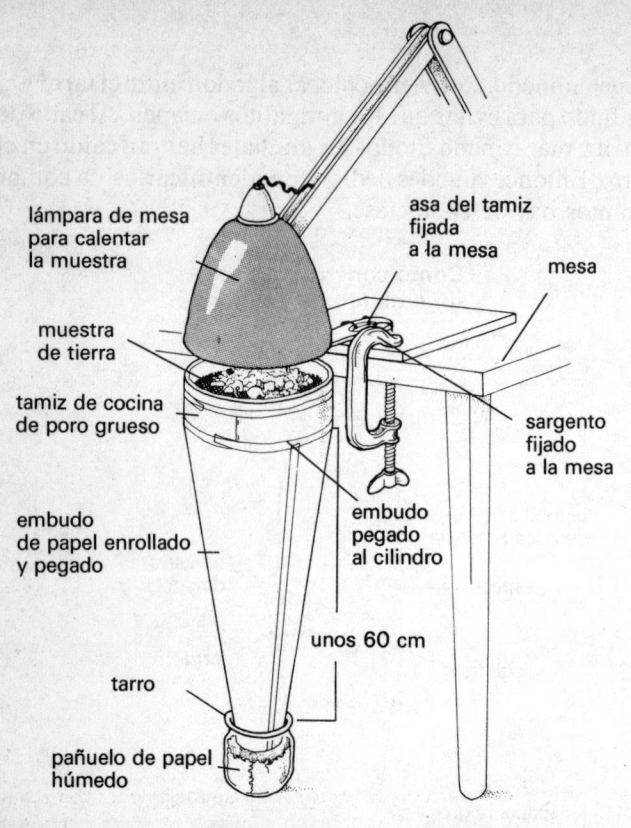

funcionamiento de un embudo fabricado con un tamiz de cocina

Cuando termines, devuelve los animales al terrario. Los musgos que has puesto en el embudo *probablemente* habrán muerto por desecación. Sin embargo, existen musgos que son muy resistentes, especialmente los que viven en muros, rocas y tejados. Puedes aprovechar para ver cuáles reviven una vez devueltos a tu pequeño jardín de musgos. Si no, llena con tierra nueva el lugar vacío y planta en ella nuevos musgos.

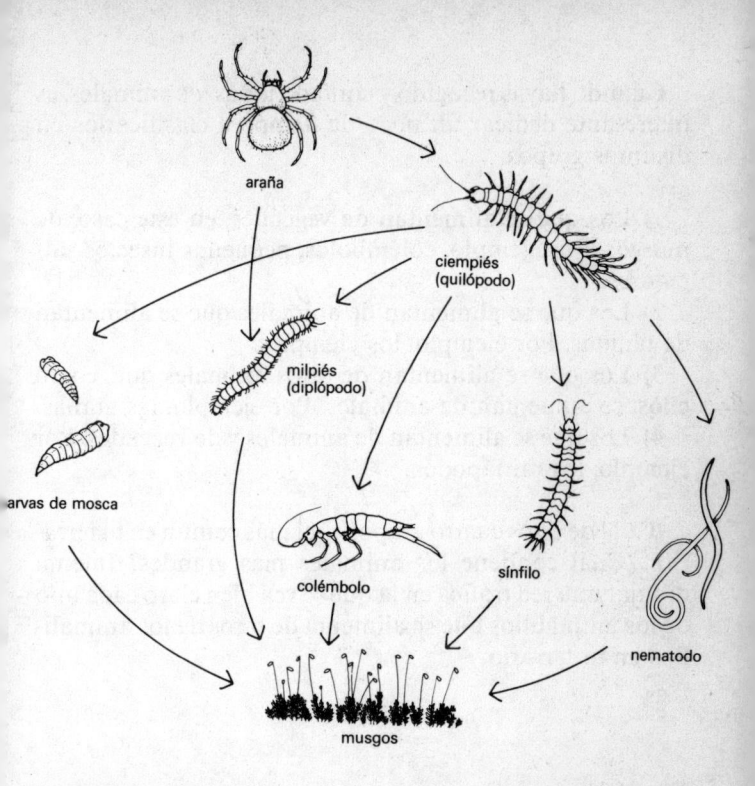

Red trófica típica de una almohadilla de musgos. Las flechas indican de qué se alimenta cada animal. ¿Cuál es el animal que se alimenta de arañas?

Otro sistema para encontrar los animales que viven en el terrario es sacar los musgos y la tierra y esparcirlos encima de una hoja grande de papel blanco. Hay que ir separando los grupos de musgos, observándolos cuidadosamente con la lupa para ver a los pequeños animalitos. Cuando encuentres uno, tócalo con la punta del pincel *humeáecido*. El animal quedará pegado al pincel y lo podrás poner dentro de un tubo o de cualquier recipiente pequeño.

Cuando hayas recogido y contado todos los animales, es interesante dedicar un poco de tiempo a clasificarlos en distintos grupos:

1) Los que se alimentan de vegetales, en este caso, de musgos. Por ejemplo, colémbolos, pequeños insectos saltadores.
2) Los que se alimentan de animales que se alimentan de plantas. Por ejemplo, los ciempiés.
3) Los que se alimentan de otros animales que, como ellos, se alimentan de animales. Por ejemplo, las arañas.
4) Los que se alimentan de animales y de vegetales. Por ejemplo, los miriápodos.

¿Cuál de estos cuatro grupos es el más común en tu terrario? ¿Cuál contiene los animales más grandes? Intenta dibujar una red trófica en la que se vea bien claro cada uno de los animalillos que se alimenta de otros de los animalillos en tu terrario.

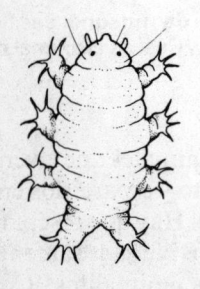

Osito de agua o tardígrado. Estos extraños animales aparecen a menudo en las muestras de musgos. ¿De qué se alimentan? ¿Qué animales se alimentan de tardígrados?

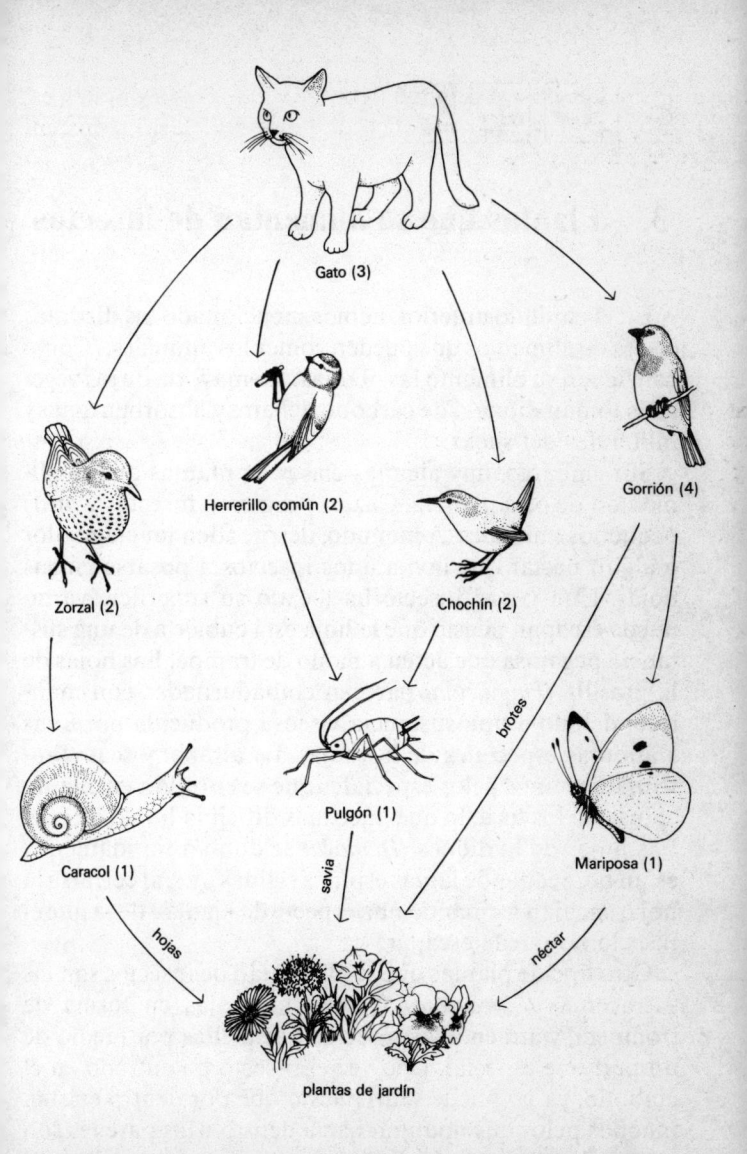

Red trófica típica de jardín. ¿Sabrías encontrar una red trófica parecida en tu jardín de musgos? Los números corresponden a los del texto

3. Plantas que se alimentan de insectos

En el capítulo anterior, hemos mencionado las distintas clases de alimentos que pueden comer los animales. ¿Cómo consiguen su alimento las plantas? La mayoría de los vegetales toman dióxido de carbono del aire y absorben agua y minerales del suelo.

Sin embargo, hay algunas clases de plantas que se alimentan de otra manera. Cazan y digieren insectos y otros pequeños animales. A menudo, desprenden un cierto olor o algún néctar que invita a los insectos a posarse en sus hojas. Una vez el insecto ha tocado su superficie ya no puede escapar, puesto que la hoja está cubierta de una sustancia pegajosa que actúa a modo de trampa. Las hojas de la grasilla *(Pinguicula)* parecen embadurnadas con manteca, debido a una sustancia viscosa producida por unas glándulas especiales de las hojas. La atrapamoscas *(Drosera)* tiene unos pelos especiales que se enrollan en cuanto el insecto los toca, lo que hace más difícil la huida de éste. Las hojas de la dionea *(Dionaea)* se doblan rápidamente; están bordeadas de largas espinas rígidas que, al cerrarse la hoja, encajan formando una especie de «jaula» de la que el insecto no puede escapar.

Otro tipo de plantas que se alimentan de insectos son las sarracenias *(Sarracenia)*. Tienen las hojas en forma de trompeta, y atraen a los insectos hacia ellas por medio de un perfume especial. Una vez el insecto ha entrado en el embudo, ya no puede salir, puesto que por dentro existen muchos pelos que apuntan hacia dentro y las paredes son resbaladizas, de modo que no puede trepar por ellas. El insecto termina muriendo y cae en un charquito de líquido, donde es digerido. Las utricularias *(Utricularia)* son otro grupo de plantas que han desarrollado hojas especiales para actuar como trampas para insectos.

Vamos a ver cómo podemos cultivar algunas de estas plantas. Hemos visto que están totalmente adaptadas para alimentarse de insectos. Pueden obtener todos los minerales que necesitan a partir de ellos, de modo que poca cosa necesitan del suelo, excepto el agua. Muchas de ellas crecen en turberas y marjales, donde el suelo es pobre y es difícil obtener minerales.

Aparte estas plantas especiales que se alimentan de insectos, muchas otras clases de plantas tienen pelos pegajosos en su superficie. Algunas son muy comunes, como, por ejemplo, la patata, con pelos en los tallos y las hojas, la petunia, con pelos en la cara externa de sus pétalos, y el geranio *(Pelargonium*, consulta el capítulo 4), con sus pelos y tallos vellosos, y con su fuerte olor. A menudo, se encuentran insectos muertos atrapados en estos pelos. Es probable que estas plantas tengan la capacidad de digerir partes de los insectos y de absorber, a partir de ellos, componentes minerales.

Material necesario

Plantas insectívoras (vivas o en semilla).

Macetas de plástico de distintos tamaños (de 4 cm a 15 cm de diámetro).

Dos botellas de plástico de cuello ancho, o cajas de helado (de 2 litros).

Mezcla de tierras vegetales.

Tierra porosa.

Un pincel de acuarela pequeño.

Una cucharilla o una espátula de plástico, o de madera, para trasladar las plantas jóvenes.

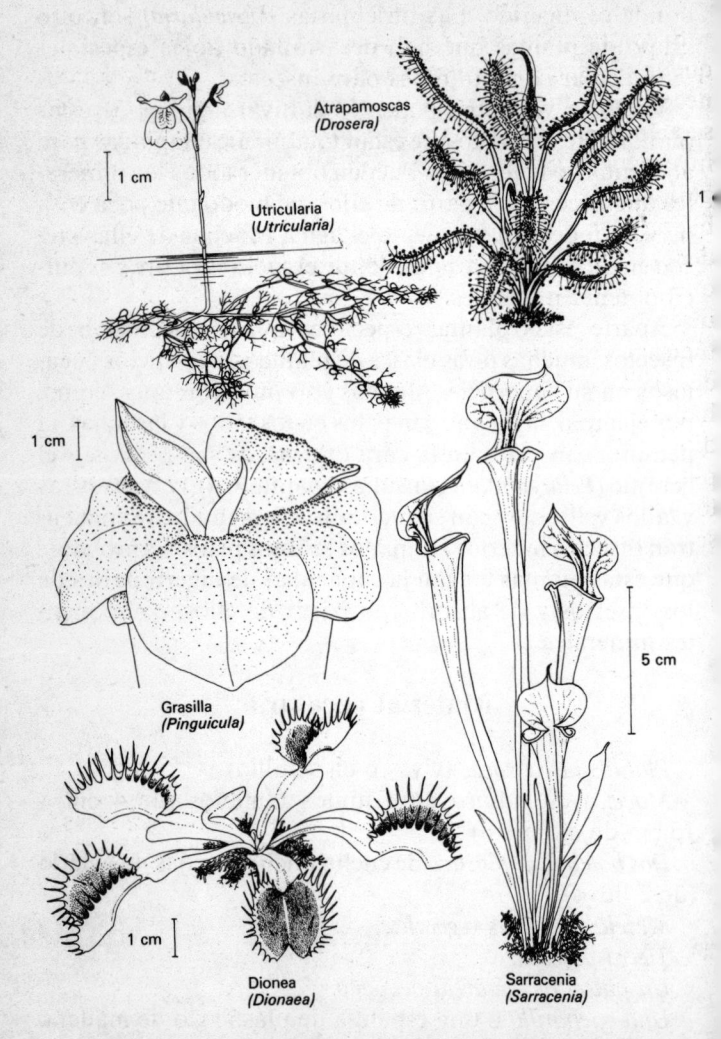

Plantas insectívoras que puedes cultivar en casa

Operaciones previas

Si compras las plantas jóvenes en la tienda, poca cosa te queda por hacer, pero mantenlas húmedas. Al principio, necesitan estar cubiertas con cristal para evitar que se sequen. Colócalas en el alféizar de una ventana o en un invernadero a temperatura controlada. Algunas pueden plantarse en el jardín. Si las pones en macetas, es una buena idea colocar las macetas en pequeñas cubetas, que deberás mantener totalmente llenas de agua para evitar que se seque la tierra. Las plantas que se alimentan de insectos no necesitan fertilizantes; sólo agua de lluvia o bien agua especialmente preparada. Por ejemplo, si el agua del grifo es dura, nunca debes ponérsela a las plantas sin haberla tratado antes como se indica en la página 119. La dionea se puede adquirir en muchas jardinerías. Esta planta va produciendo hojas-trampa, sin cesar, durante toda la estación de crecimiento; algunas de ellas mueren y se ponen negras, pero no te preocupes por ello. Simple-

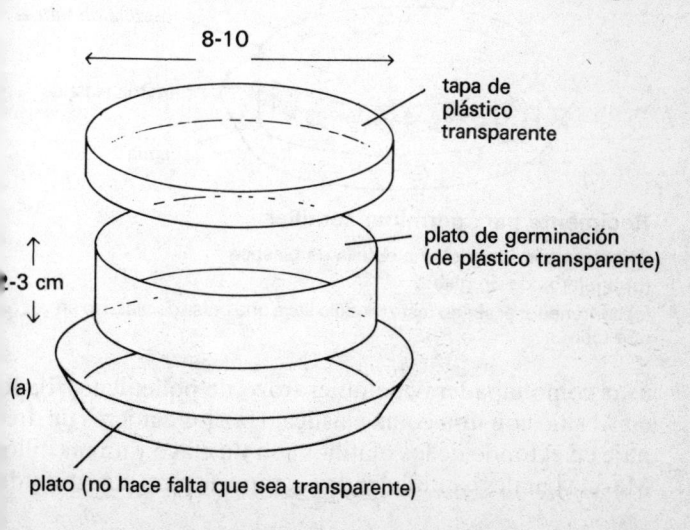

8-10

tapa de plástico transparente

plato de germinación (de plástico transparente)

2-3 cm

(a)

plato (no hace falta que sea transparente)

mente, corta la hoja muerta con unas tijeras y verás cómo pronto aparecerán nuevas hojas en su lugar.

Es mucho más divertido cultivar las plantas insectívoras a partir de la semilla. Si no tienes recipientes de plástico de la forma y el tamaño adecuados (de 6 a 10 cm de diámetro por 2 o 3 cm de profundidad), puedes conseguirlos cortando la base de dos botellas de plástico o de dos envases de yogur, a modo de platos. Si, además, cortas un tercer platillo para usarlo de tapadera, mucho mejor. Si no, puedes

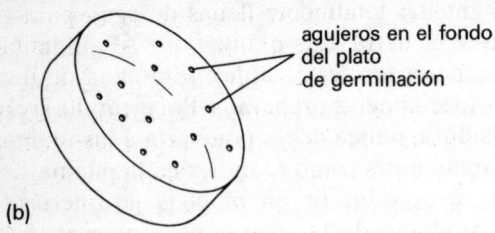

(b) agujeros en el fondo del plato de germinación

(c) bolsa de plástico u hoja de polietileno — mezcla de tierras — goma elástica — agua

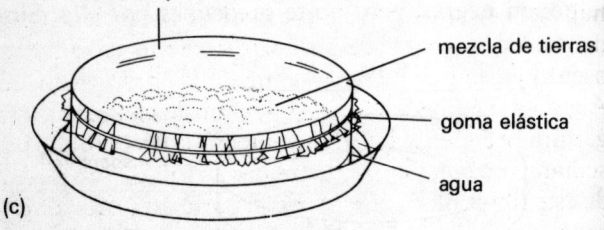

Recipiente para germinar semillas

(a) partes cortadas de una botella de plástico
(b) agujeros de drenaje
(c) contenedor acabado (este modelo lleva una bolsa de plástico en vez de una tapa)

usar como tapadera cualquier trozo de polietileno, fijado en su sitio con una goma elástica. Haz los agujeros de drenaje en el fondo de los platillos con un clavo y un martillo. Mezcla iguales cantidades de «compost» para macetas y de tierra porosa. Llena los platos hasta la mitad con la mezcla y presiónala bien hasta igualar perfectamente la superficie. Coloca el platillo en un recipiente con agua (recuerda: agua de lluvia o agua preparada previamente) hasta que la mezcla de tierra quede empapada. Seguidamente, deja que pierda toda el agua sobrante por los agujeros. Saca las semillas del paquete y colócalas sobre una hoja de papel blanco. Estos paquetes suelen llevar sólo unas pocas semillas, de modo que debes tratarlas con sumo cuidado. Usa un pincel humedecido para recogerlas, una por una. Coloca las semillas en la superficie de la mezcla de tierra, espaciándolas tanto como sea posible. Déjalas justo sobre la superficie, sin cubrirlas. Algunas semillas, como las de *Drosophyllum*, necesitan luz para germinar. Cubre el plato con su tapadera o con la hoja de polietileno e instálalo en el alféizar de la ventana. Pon una hoja de papel blanco encima, para evitar que les lleguen directamente los rayos de sol. Otras semillas, como las de sarracenia, sólo germinan en la oscuridad. En este caso, hay que encerrar el plato dentro de una caja de cartón, o ponerlo en un armario oscuro hasta que hayan germinado las primeras semillas. Algunas semillas, como, por ejemplo, las de sarracenia, no germinan a menos que hayan superado un período de unas semanas en condiciones extremas de frío. Si tienes semillas de este tipo, coloca el plato en la parte más fría del refrigerador (pero fuera del congelador). Al cabo de un mes, sácalo y ponlo en la ventana o en el armario. Es mucho más fácil si compras semillas que hayan sido recogidas justo después del invierno, puesto que ya han pasado el período de frío que necesitan. Es posible que en la misma tienda sepan decirte si las semillas ya han pasado su tratamiento de frío o no.

Acude a mirar el plato unas dos veces por semana. Tan pronto como veas algunas semillas germinadas, trasplanta las pequeñas plantas a una maceta con la mezcla de tierras. Debes mantener húmeda la mezcla y cubrir las macetas con cristal al principio, puesto que toda la planta necesita humedad. Al cabo de un tiempo, cuando las plantas ya tengan unos centímetros de altura, podrás sacar el cristal. A partir de este momento, cuida las plantas como ya hemos indicado.

Muchas cosas que observar

Hay una gran cantidad de cosas que observar en las plantas que se alimentan de insectos:

1. ¿Cuántos insectos cazan cada semana?
2. ¿Cuál es el tamaño máximo de los insectos que pueden cazar?
3. ¿Existe algún tipo de insectos que consigan escapar después de posarse en una hoja?
4. ¿Hay alguna parte de la hoja que el insecto deba tocar para que la hoja se doble?
5. Si tocas esta parte con una ramita delgada o con una punta muy estrecha de papel, ¿cómo responde la hoja?
6. ¿Se dobla la hoja cuando le caen encima gotas de lluvia? (Intenta averiguarlo provocando una lluvia artificial; deja que las gotas caigan de un cuentagotas.)
7. ¿Se alimentan de otro tipo de materia animal, por ejemplo: trocitos de la clara de los huevos cocidos, o trocitos o tiras de carne o tocino o, tal vez, queso?
8. ¿Cuánto tarda la hoja en digerir y absorber un pequeño insecto, o un trozo de huevo, carne o queso?
9. Si alimentas a una planta con tantos insectos (caza tú mismo mosquitos o drosofilas) u otros alimentos animales como pueda absorber, y dejas otra planta que cace por sí sola su alimento, ¿cuál de las dos crece más deprisa?

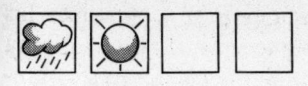

4. Cultivo de plantas por esqueje

Ahora, vamos a centrar nuestra atención en las plantas que se reproducen por esquejes. En general, un esqueje es una rama cortada de una planta (que actúa de progenitora) y plantada en suelo húmedo. De la parte inferior de la rama cortada crecerán las raíces, de modo que, en unas semanas, habremos obtenido una planta independiente. La planta progenitora tiene muchas ramas. Si las cortáramos todas como esquejes y las plantáramos, obtendríamos muchas plantas a partir de una sola planta progenitora. Ésta es, pues, una manera fácil y rápida de obtener muchas plantas hermanas a partir de una sola planta progenitora.

La mayoría de las plantas producen semillas que podemos recoger y hacer germinar. Ésta es otra manera de obtener muchas plantas nuevas. Una planta puede dar centenares de semillas y, por lo tanto, centenares de nuevas plantas.

Pero hay algunas clases de plantas que raramente producen semillas y otras que, aunque las producen, no llegan a germinar.

Otro problema es que las plantas que crecen a partir de semillas pueden no ser exactamente iguales a las progenitoras: pueden tener las flores de distinto color, o las hojas de otra forma, o muchas otras diferencias. En cambio, cuando usamos esquejes podemos estar seguros de que las plantas que darán serán *exactamente* iguales a sus progenitoras.

Material necesario

Una planta de la que podamos cortar los esquejes. Para empezar, son aconsejables la hierba de Santa Catalina *(Impatiens)* y los geranios *(Pelargonium).* Con una sola planta te bastará, siempre que sea de un tamaño mediano o grande. La violeta africana *(Saintpaullia)* es una bonita planta decorativa; hay docenas de variedades, todas preciosas. Muchas son pequeñas, de modo que no te ocuparán demasiado espacio en casa. La violeta africana se puede cultivar a partir de esquejes de hojas; podrás comprarla en esqueje de hoja, ya preparado para plantar, o bien la planta entera, y entonces tendrás que preparar tú mismo los esquejes.

Macetas de plástico: unas cuantas, de unos 10 cm de diámetro, y otras más pequeñas.

Tierra para macetas y tierra para enraizamiento, o bien una bolsa de tierra preparada para jardín.

Un cuchillo afilado (un escalpelo o cualquier gubia) o una cuchilla de afeitar.

Una cucharilla de café o una espátula.

Preparación y plantación

Es mejor que empieces con plantas fáciles, como la hierba de Santa Catalina o los geranios. Llena una o dos macetas de las grandes con tierra de enraizamiento o tierra de jardín. No la aprietes demasiado, puesto que las raíces crecen mejor en una tierra aireada. Riega la tierra a fondo, usando agua de lluvia o agua preparada especialmente (consulta la página 119), y deja que rezuma por debajo toda la sobrante.

Escoge una rama de unos 5 o 10 cm de largo, y córtala en redondo justo por debajo del punto donde nace el pecíolo de una hoja. Es mejor que realices el corte en diagonal, puesto que así haces más grande la superficie de donde tendrán que nacer las raíces. Con el cuchillo, elimina las hojas que quedan por debajo del corte. Corta el pecíolo de las hojas cerca del tallo, pero cuidando de no dañar las yemas que pueda haber en la base. Si cortamos las hojas es para reducir la necesidad de agua del esqueje durante el tiempo en que estará sin raíces; si las dejáramos, probablemente el esqueje moriría por falta de agua.

Procura hacer estas operaciones con cierta rapidez para evitar que los esquejes se sequen. Cada vez que termines de cortar un esqueje, prepara un pequeño hoyo en la tierra, usando un lápiz o un palito del mismo diámetro, y plántalo, enterrándolo unos 5 cm (menos si los esquejes son más pequeños). Puedes poner cinco o seis esquejes en una misma maceta, situándolos cerca del borde.

Coloca la maceta en un lugar cálido pero sombreado. Puedes ponerlo en la repisa de una ventana soleada, con la precaución de proteger los esquejes del sol directo con un cartón.

Riega la tierra a menudo para asegurarte de que nunca esté seca, pero procura que no se empape de agua. Asegúrate de que la tierra filtra bien toda el agua sobrante después de cada riego. Al cabo de una o dos semanas, ya puedes inspeccionar los esquejes para ver si han echado raíces. La mejor manera de saberlo es tirar de ellos con suavidad: si salen fácilmente es que no han enraizado, mientras que si oponen resistencia puedes estar seguro de que han empezado a hacerlo. A partir de este momento, empieza a regarlos semanalmente con agua y fertilizante (consulta las páginas 119 y 120).

Dos o tres semanas más tarde, prepara una pequeña maceta para cada esqueje, llenándolas de tierra pero no hasta el borde. Riégalas y déjalas que rezumen el agua sobrante antes de plantar nada. Después, prepara un hoyo

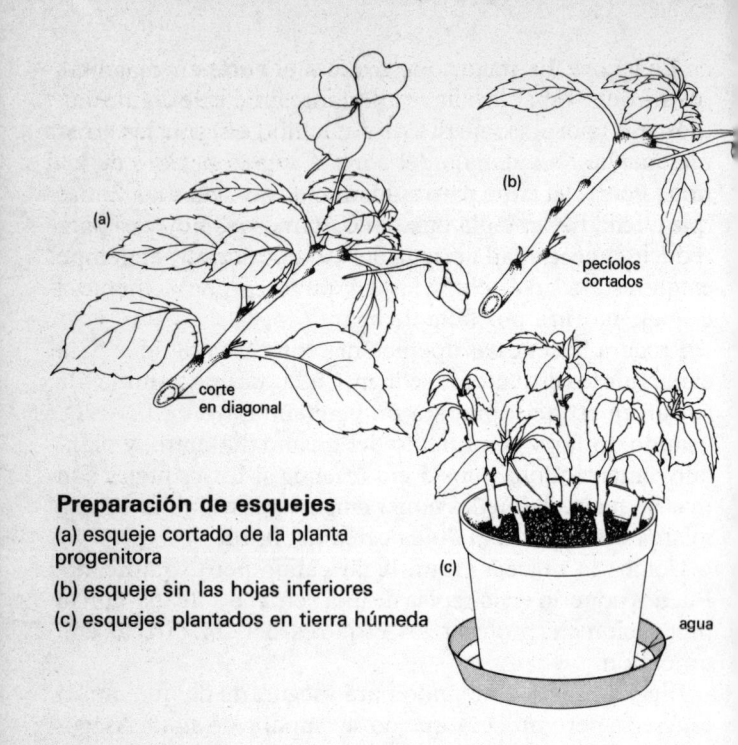

Preparación de esquejes
(a) esqueje cortado de la planta progenitora
(b) esqueje sin las hojas inferiores
(c) esquejes plantados en tierra húmeda

en el centro de cada una de modo que pueda recibir el esqueje con sus raíces. Desentierra los esquejes de la maceta grande, con cuidado de no dañar las raíces. Prueba hacerlo metiendo la espátula en la tierra de alrededor y sacando esqueje y tierra a la vez, de modo que las raíces no queden al aire. Trasplántalos cada uno a su nueva maceta. Ahora aprieta la tierra firmemente alrededor de la planta. Riégala de nuevo y déjala que escurra bien toda el agua. Coloca las macetas con las nuevas plantas en un lugar sombreado durante dos o tres días, mientras se recuperan del trasplante, pero pasados estos días ya puedes ponerlos al sol.

La hierba de Santa Catalina es una planta muy decorativa. Le conviene mucha luz y un riego con fertilizante unas dos veces por semana. Si le cortas los extremos de las ramas de cuando en cuando, crecerá más rápidamente y echará más flores. Al cabo de un tiempo, quizá necesite ser trasplantada a una maceta más grande. A finales de verano ya podrás cortar de ella nuevos esquejes, de modo que el año próximo podrás tener más plantas.

Esquejes en agua, a la espera del desarrollo de las raíces

Los geranios pueden cultivarse como plantas de interior o bien como plantas de jardín, durante el verano. Los hay de muchas variedades, que se diferencian por la forma y el color de las flores y por las hojas. Incluso, hay variedades que tienen las hojas muy perfumadas. Con tus amigos, puedes cultivar variedades distintas y después podréis intercambiar esquejes. De este modo, tendrás una bonita colección de geranios de colores y aromas variados en casa.

Las hojas de la violeta africana son capaces de enraizar del mismo modo que lo hacen los tallos de los geranios y la hierba de Santa Catalina. Puedes cultivarla partiendo de una planta comprada en cualquier jardinería. Es interesante partir de las hojas que venden ya preparadas para plantar en paquetes, que te proporcionarán cinco o más variedades por un precio razonable.

Cógelas con cuidado cuando las saques del paquete, ya que algunas clases son muy quebradizas, y cualquier pequeño rasguño puede dañarlas considerablemente. Prepara las macetas con tierra para los esquejes como has hecho antes. Después corta la punta del pecíolo de la hoja

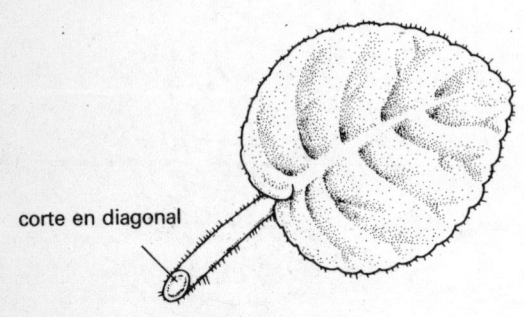

corte en diagonal

**Esqueje de hoja
de violeta africana**

en diagonal para dejar al descubierto una superficie fresca, recién cortada. Planta la hoja por el pecíolo en la maceta y presiona la tierra a su alrededor.

No debes regar los esquejes muy a menudo. Espera hasta que la tierra esté casi seca antes de cada nuevo riego. La mejor manera de regarlas es colocarlas durante media hora dentro de un recipiente con agua de lluvia (o agua preparada especialmente) y dejarlas escurrir. Las violetas africanas no viven bien si tienen demasiada agua. Tampoco quieren demasiado sol, ni una atmósfera demasiado seca, humos ni corrientes de aire.

Al cabo de algunas semanas tendrás en cada maceta una roseta de hojas nuevas, creciendo alrededor de la hoja progenitora. Cuando veas 4 o 5 hojas, desentierra con cuidado la hoja enraizada, junto con las nuevas hojas que han nacido a su alrededor. Con el cuchillo elimina la hoja vieja y casi todo su pecíolo, y deja solamente las hojas nuevas y las raíces. Planta la roseta de hojas nuevas en otra maceta.

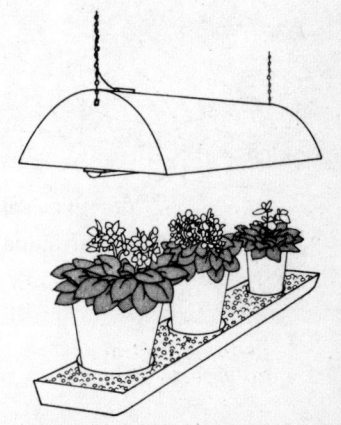

Las violetas africanas crecen bien bajo tubos fluorescentes

A partir de ahora, debes mantener las jóvenes plantas en un lugar donde reciban luz directa (pero no un sol *fuerte*), aire húmedo (mira los dibujos), y donde tengan una temperatura uniforme. Riégalas con solución de fertilizante una vez por semana, cuidando que la solución caiga directamente en la tierra, sin tocar la planta. Las violetas africanas viven muy bien en ambientes de interior, con luz artificial (fluorescente), especialmente en las condiciones de temperatura uniforme que dan las habitaciones con calefacción.

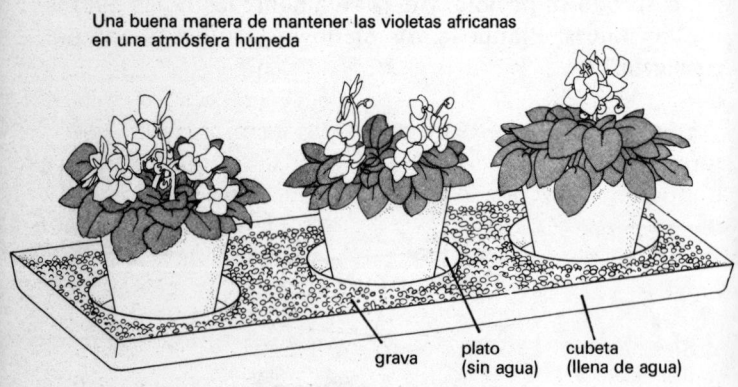

Una buena manera de mantener las violetas africanas en una atmósfera húmeda

grava   plato (sin agua)   cubeta (llena de agua)

Cultivo de violeta africana

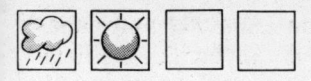

5. Un jardín en miniatura

¿Te gustaría tener un jardín en miniatura? Prepararlo y cuidarlo te va a mantener ocupado y divertido muchas horas.

Se trata de un jardín completamente cerrado, que raramente necesita riego. Ello significa que puedes dejarlo tranquilamente cuando te vayas de vacaciones.

Material necesario

El recipiente: Hay una gran variedad de botellas que puedes utilizar con tal que sean suficientemente anchas y de cristal transparente. La botella debe medir como mínimo 15 cm × 15 cm (o 15 cm de diámetro) y unos 20 cm de alto. Puedes encontrar una botella así en casa o en cualquier tienda de vidrios. Los envases del tipo garrafa que se utilizan para el vino o el agua son muy adecuados. También puedes comprar recipientes decorativos de vidrio, pero son más caros. Un acuario de cristal o de plástico transparente te servirá también. Otro envase adecuado es una cubeta cualquiera de plástico, con una tapa transparente. En este caso, tapa las rendijas pegando pequeñas tiras de cinta adhesiva de plástico o bien forrándola por dentro con plástico delgado.

Grava fina, del tipo que se usa para los acuarios, en cantidad suficiente para cubrir todo el fondo con una capa de 2 cm de grosor.

Tierra de macetas, la suficiente para poner una capa de unos 3 cm de grosor dentro del recipiente.

Un trozo de alambre grueso, de unos 40 cm de longitud (más largo si tu envase es más ancho que el propuesto aquí, para manipular dentro del recipiente desde fuera. A veces, puedes necesitar dos.

Un trozo de tubo o un cartón que se pueda doblar.

Un trozo de madera de unos 40 cm de longitud por 2 cm de ancho, para usarlo como pala.

Una herramienta cortante («cutter»).

Varias plantas de tamaño pequeño o las semillas de varios tipos de pequeños vegetales.

Si te gusta, puedes recoger piedras de formas y colores bonitos, e incluso pequeñas ramas de árboles que puedan añadir interés visual a tu jardín.

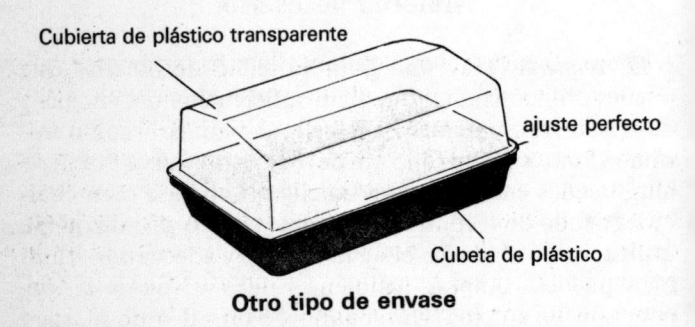

Cubierta de plástico transparente

ajuste perfecto

Cubeta de plástico

Otro tipo de envase

Operaciones previas

A partir de ahora vamos a suponer que construirás tu jardín dentro de una botella. Si lo haces con otra clase de envase, modifica las ideas de la manera que resulten más adecuadas a tus condiciones.

Envases adecuados para un jardín de botellas

Limpia el envase con abundante agua del grifo, especialmente si ha estado lleno de algún líquido que pueda perjudicar a las plantas. Cuando acabes, dale la vuelta y espera a que escurra el agua. Cuando esté seco, coloca la grava en el fondo de la botella. Ayúdate de la espátula para extenderla bien por toda la superficie. A continuación, echa la tierra dentro de la botella y, también, extiéndela con la espátula por encima de la capa de grava. La superficie debe quedar plana o con una ligera pendiente hacia un lado.

Una vez preparada la tierra, riégala con agua de lluvia o con agua preparada especialmente (consulta la página 119). Añade el agua poco a poco, de modo que no levantes la tierra del fondo con el chorro. Puedes usar el tubo de plástico para conducir el agua, y echársela a cucharaditas. Si pones un embudo de cocina en la boca del tubo, te será más fácil. Deja la botella unos cinco minutos para que el agua empape bien la tierra. Asegúrate de que toda la tierra se ha humedecido. La grava debe aparecer mojada pero *no* hasta el punto de que agitando la botella veas correr agua por el fondo.

La parte más emocionante de este proyecto es encontrar las plantas ideales para poner en la botella. Hay muchas posibilidades entre las que escoger, pero no todas valen para tenerlas en casa, y menos dentro de una botella. Escoge las plantas que más te atraigan. Si alguna te falla, inténtalo con otras. Lo principal es usar plantas que sean *pequeñas*. Existen pequeñas hierbas de jardín que son un estorbo en los parterres o en el césped (consulta el cap. 6), pero que, en cambio, son realmente atractivas cuando las miramos de cerca. Por ejemplo, la celidonia menor, la consuelda, la nomeolvides, y los pequeños tréboles como el trébol amarillo, que crece en el césped. Cuando salgas a buscarlas te darás cuenta de la cantidad de pequeñas plantas que puedes utilizar.

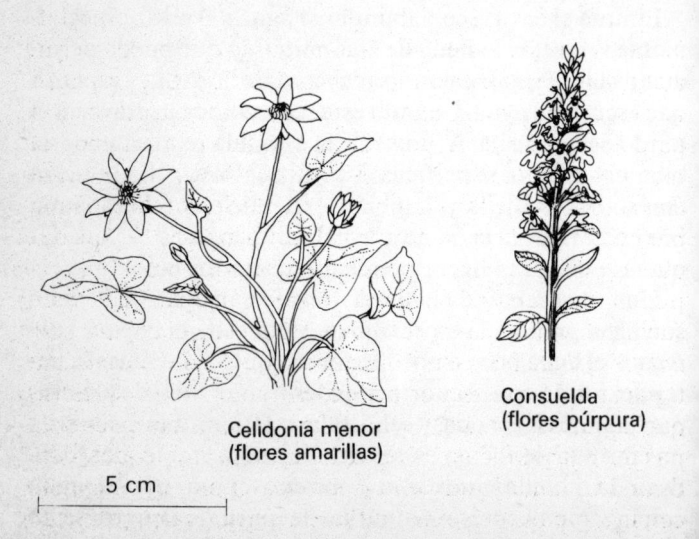

Celidonia menor
(flores amarillas)

Consuelda
(flores púrpura)

5 cm

Nomeolvides
(flores azules)

Trébol amarillo
(flores amarillas)

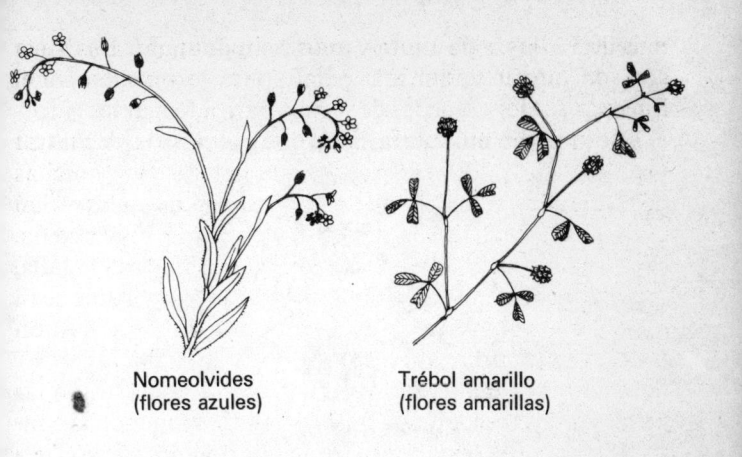

Algunas plantas que puedes cultivar

Busca en los catálogos de semillas y bulbos o, mejor, acude a una jardinería. Las plantas que venden para adornar setos y bordes de camino muchas veces son adecuadas para los jardines miniatura. El mastuerzo *(Allysum)*, la matacaballos *(Lobelia)* y la flor de cuchillo *(Mesembryanthemum)* son plantas anuales que pueden crecer bien. También hay plantas perennes, como el pampajarito *(Sedum)*, que seguro que has visto crecer en muros de piedra, o la parietaria *(Parietaria)*, varias formas cultivadas de consuelda, distintas clases de brezos, y tradescantia *(Tradescantia)* y *Zebrina*. Estas dos últimas son muy fáciles de cultivar a partir de esquejes y se extienden rápidamente. Tendrás que podarlas a menudo, o, de otro modo, se harán las dueñas de tu jardín. También puedes añadir a tu pequeño jardín una planta insectívora (recuerda el cap. 3); inténtalo con la atrapamoscas enana *(Drosera pygmaea)*, que no mide más de 3 o 4 mm de altura y unos 2 cm de ancho. Los musgos son otro material interesante para tu botella-jardín. Puedes usar los céspedes de musgo para adornar los rincones de tu jardín miniatura, igual que usamos las plantas de

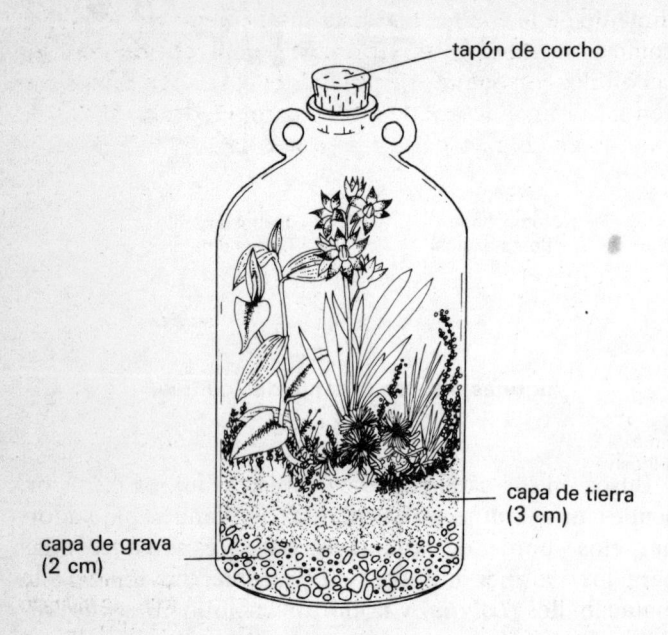

Un jardín en una botella

los setos en los jardines grandes. También hay muchos bulbos que dan pequeñas plantas. Si tu botella es suficientemente grande, puedes intentar cultivar anémonas y *Chionodoxa*. Una de las plantas de bulbo más pequeñas que existen es el eléboro de invierno *(Eranthis hyemalis)*.

Muchas otras plantas pueden cultivarse a partir de semillas. Puedes sembrar las semillas en pequeñas macetas y después trasplantarlas a la botella o bien sembrarlas directamente en ella. Si quieres sembrarlas directamente, tendrás que usar el tubo de plástico a modo de «tobogán de semillas» para colocarlas allí donde lo desees. Del mismo modo, puedes plantar hierbas de las que se usan como condimento en la cocina, que sean suficientemente pequeñas como para caber en tu jardín. El perejil, el tomillo y los cebollinos son buenos ejemplos de ello. Los cebollinos crecen hasta unos 15 cm de altura, pero puedes cortarlos de cuando en cuando y usarlos en la cocina.

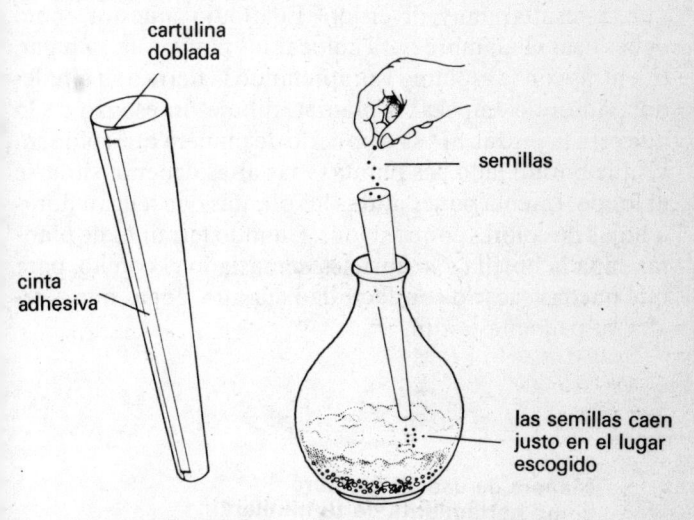

Un útil «tobogán» para plantar semillas

Si tu botella es suficientemente grande, también puedes cultivar pequeños arbustos, quizá como pieza central de todo el conjunto. Por ejemplo, existe un tipo de cotoneaster *(Cotoneaster horizontalis)* que es un arbusto enano y puede cultivarse en una botella convenientemente recortado para evitar que se extienda demasiado. También hay distintas variedades de rosas en miniatura, que son una versión de las rosas de jardín a pequeña escala.

Hasta aquí hemos dado simples sugerencias para que puedas empezar. En cuanto te pongas a buscar plantas para tu pequeño jardín, encontrarás muchas más.

El cuidado del jardín

Preparar el jardín puede ser una tarea complicada, especialmente si tu botella es de cuello estrecho, pero también puede resultar muy divertido. El dibujo muestra cómo debes usar el alambre para colocar las plantas en su lugar, mientras con la espátula vas apretando la tierra a su alrededor. Antes de empezar a plantar, dibuja un esbozo de lo que será tu jardín. Si vas a ponerlo de manera que sólo será visible por un lado, las plantas más altas deberán situarse al fondo. Intenta poner juntas las plantas que tengan flores u hojas de colores contrastados. Cuando termines de plantar, tapa la botella. No aprietes demasiado el corcho, para que puedas sacarlo con facilidad cuando tengas que arreglar tu pequeño jardín.

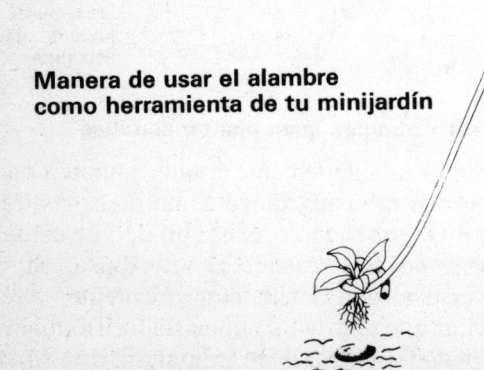

Manera de usar el alambre como herramienta de tu minijardín

Cortar las flores muertas, eliminar las hojas muertas o enfermas, recortar las plantas que se extienden demasiado y, en general, arreglar el jardín, son operaciones que mejoran su estado y que debes realizar de una manera regular. Es difícil cortar las plantas que están dentro de una botella; con el alambre probablemente podrás cortar o sacar las flores y hojas muertas, pero ten cuidado de no desarraigar la planta. En el dibujo tienes un modelo de herramienta especial para cortar a distancia.

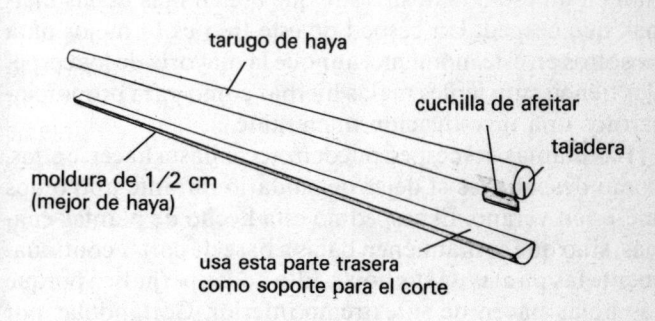

- tarugo de haya
- cuchilla de afeitar
- tajadera
- moldura de 1/2 cm (mejor de haya)
- usa esta parte trasera como soporte para el corte

Una podadora de larga distancia

Además de plantar, mantener el orden y replantar de cuando en cuando partes del jardín, lo que más debes vigilar es el grado de humedad. Si ves que *siempre* hay gotas de agua condensada en el cristal de la botella es probable que haya demasiada humedad en su interior. Si es así, saca el tapón y deja la botella destapada durante uno o dos días, hasta que hayan desaparecido las gotas. Ello permitirá que el exceso de agua se evapore. Si ves que las plantas se marchitan y que la grava del fondo está seca, añádele un poco de agua. Lo mejor es añadir *un poco* de agua *cada* día hasta que veas que se han recuperado.

6. Un césped silvestre

El césped, a menos que esté muy bien cuidado, es casi seguro que tenga malas hierbas. Algunos céspedes se hallan en un estado tan silvestre que tienen más malas hierbas que césped. Un césped de este tipo es lo mejor para nosotros en este momento, aunque la mayoría de los céspedes tienen suficientes malas hierbas como para proporcionarnos una investigación interesante.

Las plantas del césped pueden crecer hasta hacerse altas, como descubrirás si dejas de cuidarlo durante uno o dos meses en verano. El césped no está hecho de plantas enanas, sino que se mantienen bajas a base de cortar continuamente las puntas de sus hojas. Ello no las perjudica porque las hojas nacen de su extremo inferior. Cortándolas por arriba no dañamos su zona de crecimiento. Esta es la razón por la que pueden existir prados y pastos durante años, a pesar de estar cortándolos o pastándolos continuamente.

Entre las plantas del césped siempre quedan pequeños espacios para las semillas de otras plantas, pero la mayoría de ellas no sobreviven a la siega porque tienen las zonas de crecimiento en el extremo de los tallos. Así, la siega elimina su zona de crecimiento. Las plantas pequeñas tienen una cierta ventaja, especialmente si son tan pequeñas que llegan a escapar de las cuchillas de la segadora. Estas plantas pueden vivir con éxito en los céspedes. Son, por ejemplo, las margaritas, el diente de león, el llantén, muchos pequeños claveles y varias clases de musgos. Estos pequeños vegetales pueden ser los protagonistas de tu césped silves-

Colocación de la cuerda cruzando el césped

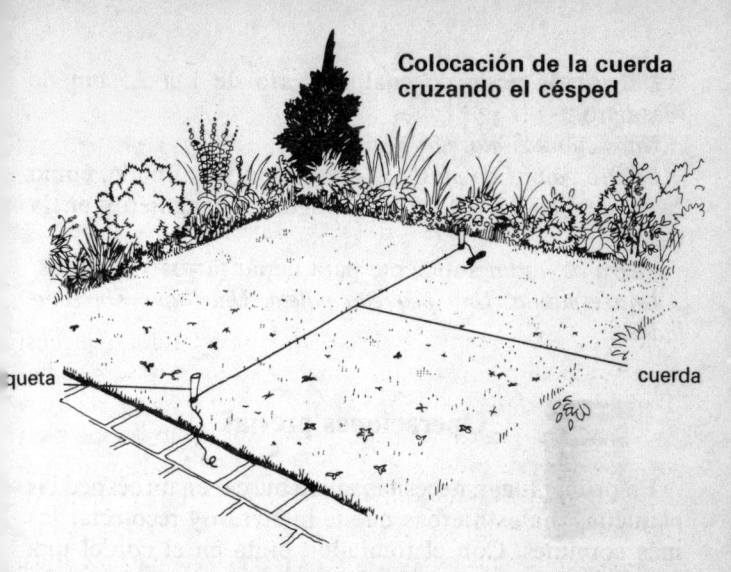

queta — *cuerda*

tre. Naturalmente, las *flores* de las margaritas y de otras plantas pueden ser cortadas por la segadora, pero no la zona de crecimiento del tallo, que está a ras del suelo. Las hojas crecen formando una roseta también pegada al suelo, de modo que raramente serán cortadas. Por lo tanto, estas pequeñas plantas muchas veces consiguen sobrevivir con mejor éxito que las propias del césped.

Material necesario

Un césped salvaje: no necesitas un gran césped para este proyecto; te bastará con conseguir un cuadrado de unos 30 cm de lado. Antes de cortarlo, pide permiso al propietario.

Un trozo de cordel blanco suficientemente largo como para cruzar toda el área.

Dos clavos grandes, piquetas o cualquier tipo de punzón que permita clavar al suelo los extremos del cordel.

Un aro de cortina o cualquier aro de 1 a 2,5 cm de diámetro.

Unas cuantas macetas pequeñas.

Cuatro cajitas de plástico o de cartón parafinado, como cajas de helado o tarros de yogur, con agujeros en la base.

Tierra de jardín suficiente para llenar tarros y macetas.

Una espátula. Una pequeña paleta. Una lupa. Un rotulador.

Operaciones previas

En primer lugar, necesitas salir a buscar en un césped las pequeñas malas hierbas que te interesan y recolectar las más comunes. Con el rotulador, pinta en el cordel una señal cada 10 cm aproximadamente. Haz pasar el cordel a través del anillo antes de fijar sus cabos a las piquetas. Ya

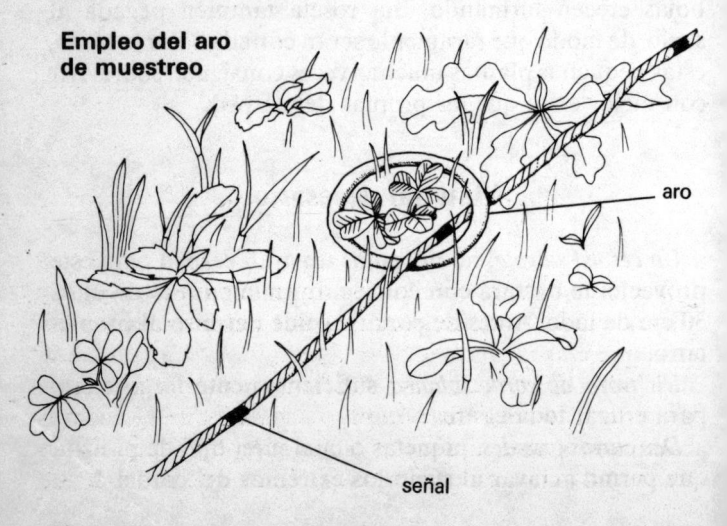

Empleo del aro de muestreo

puedes colocar el cordel atravesando el césped, lo más a ras del suelo y tenso que puedas, y clavarlo, con las piquetas, por sus extremos.

Dibuja en tu libreta de notas una tabla como la que muestra el dibujo. Ahora, empezando por un extremo del cordel, desliza el anillo por él hasta encontrar la primera marca. Allí, coloca el aro plano contra el suelo, hacia el lado izquierdo del cordel. Asegúrate de que el cordel sigue tenso. De este modo podrás limitar una pequeña área del césped y ver todo lo que crece allí.

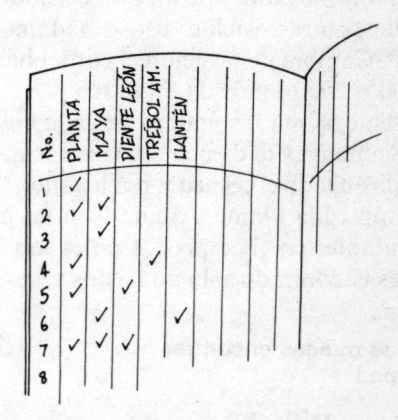

Nº	PLANTA	MAYA	DIENTE LEÓN	TRÉBOL AM.	LLANTÉN
1	✓				
2	✓	✓			
3	✓	✓			
4	✓			✓	
5	✓		✓		
6			✓		✓
7	✓	✓	✓		
8					

Utilización del cuaderno de notas

Busca con atención en toda la superficie que coge el aro y fíjate en todas las clases de hojas que hay. Si no hay nada más que césped, apunta «césped» en la primera columna de la tabla. Si hay otra clase de plantas (ya sea solas o entre el césped), escribe su nombre o sus nombres en otras columnas y márcalas en la fila correspondiente. Debes tener una marca en cada tipo de planta que has rodeado con el aro. Si no conoces el nombre de la planta, quizá los dibujos de estas páginas te podrán ayudar.

Desliza el aro hasta la siguiente señal del cordel y repite el listado. Sigue con las restantes señales hasta llegar al otro extremo del cordel. Cada vez que encuentres una planta nueva, escribe su nombre en una nueva columna y márcala en la fila correspondiente. Las plantas que ya hayas encontrado en otros puntos de muestreo, anótalas añadiendo simplemente una señal en la columna. Realiza el muestreo, como mínimo, en unos 100 puntos distintos, hasta 200 si es posible. Si el césped es pequeño, puede ser que el cordel no dé para 100 puntos de muestreo. Entonces, desplaza el cordel hasta otra posición, aproximadamente paralela a la original. Cambia de posición el cordel hasta que consigas los 100 o 200 puntos de muestreo.

Finalmente, suma las marcas de cada columna. El número que obtengas te dice cuantas veces has encontrado cada planta en todo el césped y, por lo tanto, te indica cómo es de común cada planta. ¿Cuáles son las cuatro plantas más abundantes en el césped? ¿Cuáles son las más raras, las que has encontrado sólo una o dos veces? Quizás estas

Plantas que puedes encontrar en tu césped

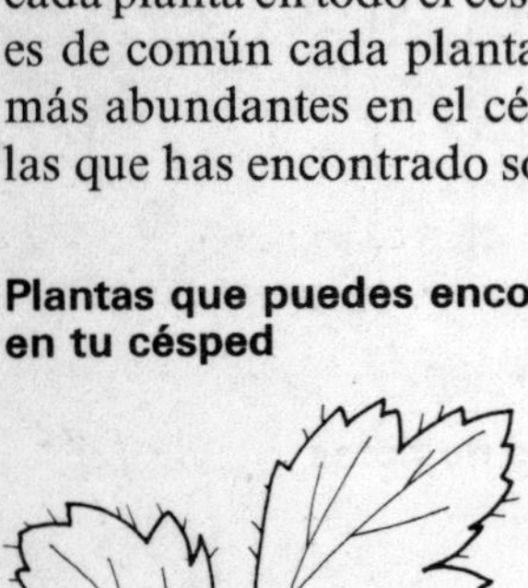

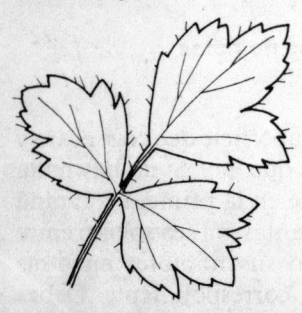

Botón de oro
(Ranunculus repens)

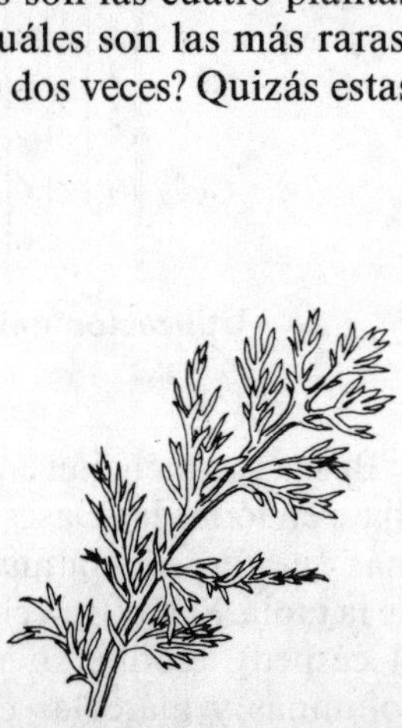

Milenrama
(Achillea millefolium)

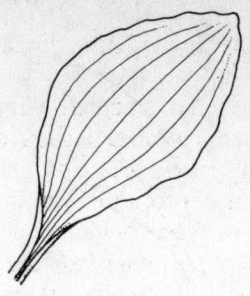

Llantén mediano
(*Plantago media*)

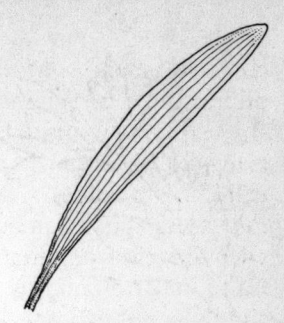

Llantén menor
(*Plantago lanceolata*)

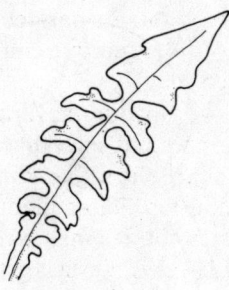

Crepis
(*Crepis capillaris*)

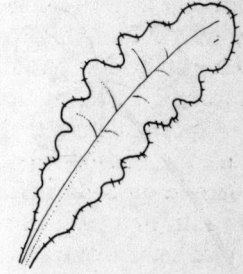

Hierba de halcón
(*Hypochaeris radicata*)

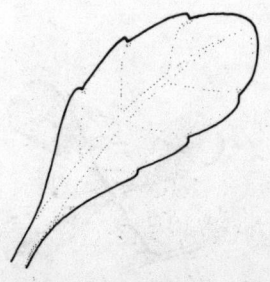

Maya
(*Bellis perennis*)

Conyza
(*Erigeron canadensis*)

Mastuerzo silvestre
(Coronopus didymus)

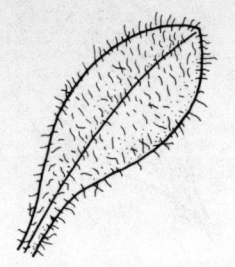

Oreja de ratón
(Cerastium holosteoides)

Trébol blanco
(Trifolium repens)

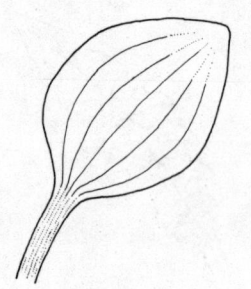

Llantén mayor
(Plantago major)

Hierba de nácar
(Sagina procumbens)

Trébol amarillo
(Trifolium dubium)

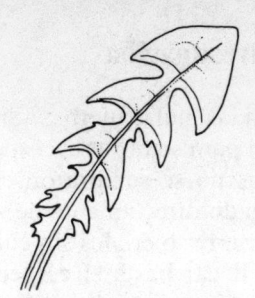

Diente de león
(Taraxacun officinale)

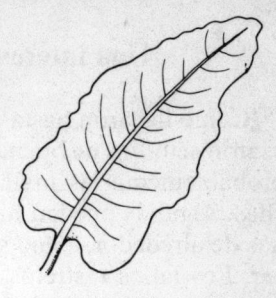

Romaza común
(Rumex obtusifolius)

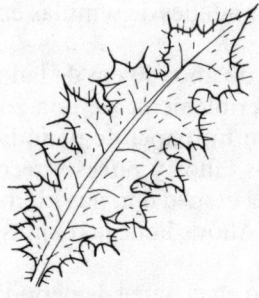

Cardo lanudo
(Cirsium vulgare)

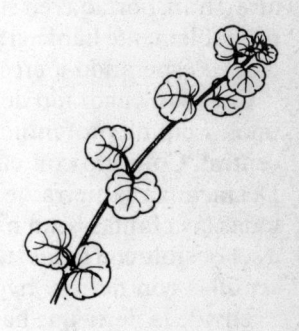

Verónica
(Veronica filiformis)

plantas más raras no son verdaderas malas hierbas del césped. Puede ser que hayan podido crecer allí después de la última vez que lo cortaron y que desaparezcan en la próxima siega.

Saber cuáles son las plantas más abundantes en el césped es interesante, puesto que puedes repetir la investigación en otro césped, o quizás en distintas partes del mismo y comparar los resultados. Intenta encontrar las diferencias entre ellos. Pero ahora vamos a investigar otro aspecto de los céspedes silvestres.

Una interesante investigación

¿Cómo llegaron hasta el césped las malas hierbas? Si se usaron semillas de buena calidad para sembrar el césped, probablemente las malas hierbas no se sembraron con ellas. Algunas pueden haber llegado directamente de zonas de alrededor, como setos, parterres o eriales sin cultivar. Los tallos rastreros pueden llegar hasta el césped y echar raíces en él. Probablemente, la mayoría de las malas hierbas llegaron en forma de semilla, ya sea a través del aire o transportadas en el barro de los zapatos. En este caso, probablemente había grandes cantidades de semillas en el césped esperando a crecer.

Corta un cuadrado de césped, de unos 30 cm de lado, y unos 7 cm de profundidad, preferiblemente de una zona central. Colócalo con cuidado en un papel de periódico. Desmenuza la tierra de entre los tallos y raíces y recoge todas las plantas, sean hierbas del césped o malas hierbas, a ser posible con todas sus raíces. Ahora, llena las cajitas de semillas con tierra y riégalas.

Divide la tierra que ha quedado en el papel de periódico en cuatro partes iguales y añade una parte a cada una de la cajas. Esparce la tierra lo mejor que puedas por encima de la tierra de jardín con la que has llenado las cajas. Riégalas de nuevo y déjalas que escurran toda el agua. Después, coloca cada caja en una bolsa de plástico y déjalas en un lugar iluminado, aunque no demasiado caluroso.

Al cabo de una o dos semanas, las semillas que había en la tierra habrán empezado a germinar. A medida que vayan saliendo las plantitas, intenta reconocerlas (fíjate en los dibujos). Cuenta cuántas plantitas aparecen de cada clase. Si las cajitas se llenan demasiado de brotes, saca, con cuidado, algunas plantas. Puede ocurrir que durante las siguientes semanas, o hasta meses, vayan apareciendo todavía otras plantitas en las cajas, de modo que no tires las cajas. Las bolsas de plástico evitan que lleguen *nuevas* semillas a la tierra, llevadas por el viento.

Cuando termines la investigación, compara la lista de plantas que han nacido en las cajas con la lista de malas hierbas que crecían en el césped. ¿Aparecen las malas hierbas más comunes del césped en la lista? Si es así, ¿también son tan abundantes en las cajas? Si no es así, ¿cómo te explicas que hayan conseguido extenderse por todo el césped y que no encuentres semillas en la tierra? ¿Cuáles de las plantas nacidas en las cajas no figuran en la tabla de malas hierbas del césped? ¿Cómo te explicas que una planta que no habías encontrado en el césped crezca luego en las cajas de tierra del césped? ¿Por qué no la encontraste en el césped? ¿Cómo te explicas que sus semillas puedan llegar hasta la tierra de las cajas? Estas son sólo unas cuantas de las preguntas que te puedes plantear. Cuando hayas terminado con toda la investigación podrás plantearte muchas otras más, y probablemente serás capaz de responder tú mismo a muchas de ellas.

Cómo descubrir el nombre de las plantas

He aquí algunos consejos:

1. Compara tu planta con los dibujos de la otra página.

2. Si has empezado a construir un miniherbario (cap.7), compárala con las de tu colección.

3. Intenta encontrar una planta más grande de la misma clase. Puedes buscarla por los alrededores del césped. Si la consigues con flores te será más fácil reconocerla.

4. Sácala de la caja y plántala en una maceta aparte. Espera a que crezca un poco para intentar reconocerla.

5. Si te resulta difícil descubrir el nombre de la planta,

prénsala (consulta el cap. 7), de modo que, como mínimo, puedas guardar una muestra de ella.

6. Consulta algunos libros sobre plantas; te ayudarán a reconocerlas.

7. Un miniherbario

Un herbario es una colección de plantas secas, en la que las distintas clases de plantas se encuentran ordenadas. También se llama herbario al edificio, la habitación o la caja que contiene esta colección. El herbario más grande del mundo es el del Royal Botanical Gardens, de Kew, al suroeste de Londres. Este herbario contiene unos tres millones de plantas, procedentes de todo el mundo.

Los herbarios son útiles cuando uno desea saber las distintas clases de plantas que existen y las maneras como podemos agrupar plantas parecidas, es decir, cómo las debemos clasificar. También podemos acudir al herbario para ver allí las plantas y después poder reconocerlas en el campo. Y, al contrario, el herbario puede ayudarnos a identificar una planta que no conocemos, si llevamos la planta y la comparamos con las plantas secas hasta que encontramos la que se le parece más.

Si te gusta coleccionar cosas te divertirás recogiendo pequeñas plantas y colocándolas en tu propio miniherbario. Le llamamos «mini» no porque contenga pocas plantas sino porque las plantas que va a contener serán de pequeño tamaño. Además de ser interesante, un miniherbario puede serte útil. En el capítulo 6, por ejemplo, necesitabas saber el nombre de las plantas que crecían en el césped. Si ya has recolectado todas las pequeñas plantas que se encuentran cerca de donde vives, las has prensado y has conseguido saber cómo se llaman, cada vez que quieras saber el nombre de otra planta lo único que tienes que hacer es buscar en tu miniherbario hasta que la encuentres. Además, un herbario es tan bonito de mirar como un libro de láminas o de fotografías, con la excepción de que las plantas son reales. Si se ordena el herbario de una manera sistemática, como debe ser, entonces te llevará menos tiempo localizar las plantas para saber su nombre.

Material necesario

Dos piezas de madera o contrachapado, de unos 20 × 25 cm.
Dos piezas de cartón ondulado, del mismo tamaño que las maderas.

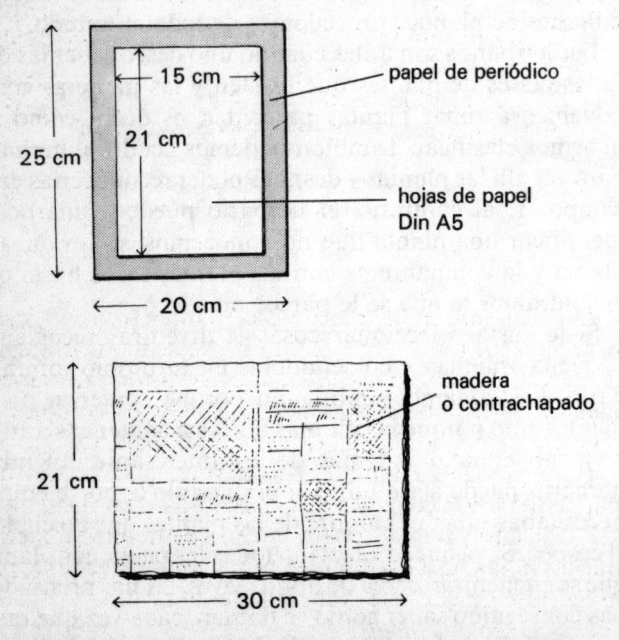

Materiales necesarios para preparar una prensa

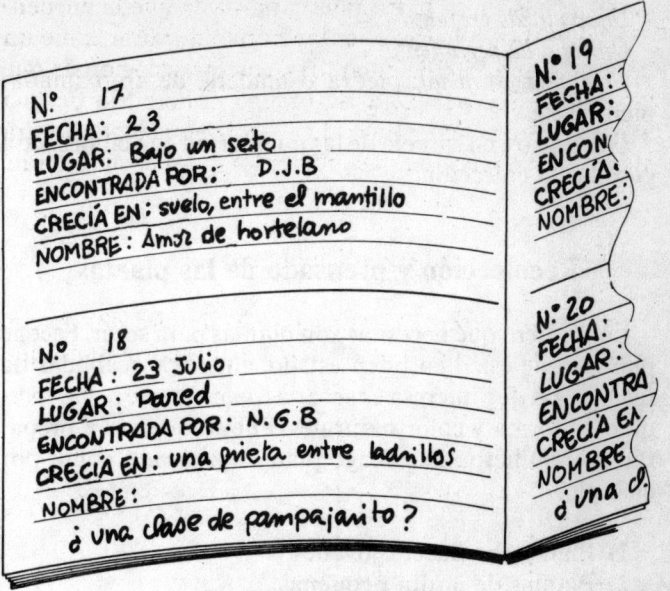

**Cuaderno de notas para
las plantas del herbario**

Hojas de papel para guardar las plantas secas. Es mejor usar papel de una marca determinada, de modo que cuando necesites comprar más puedas conseguirlo exactamente igual y de la misma medida. Lo mejor es comprar un paquete de papel blanco, de la medida Din A5.

Papel para secar las plantas. Resulta más barato usar papel de periódico, cortado a la medida de hojas Din A4 (21 × 30 cm) y doblado para hacerlo de la misma medida que las hojas A5. Guárdalo en una habitación cálida, para asegurarte de que esté completamente seco.

Un cuaderno de notas.
Unas tijeras pequeñas.

Unas pinzas grandes.
Un tubo de pegamento.
Una pesa de metal, piedra o madera, de aproximadamente 1 kg.
Una caja o una carpeta de las que cierran con cintas, para guardar la colección.

Recolección y prensado de las plantas

Lo primero que necesitas son plantas para secar. Escoge plantas que estén en buen estado, enteras y acabadas de recoger. Lo que interesa es secarlas *antes* de que hayan perdido su forma y color naturales. Puesto que vas a preparar un *mini*herbario, escoge plantas *pequeñas,* como por ejemplo:

1) Plantas herbáceas jóvenes.
2) Plantas de jardín pequeñas.
3) Musgos.
4) Plantas jóvenes de «lugares especiales».

hoja de papel de periódico

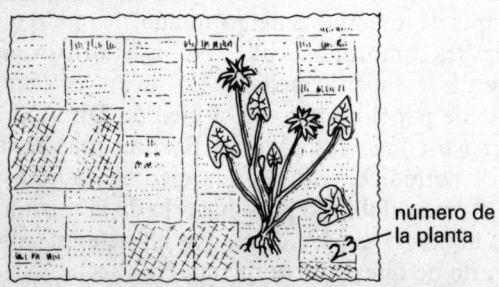

número de la planta

Colocación de una planta para prensarla

Excava un hoyo en el jardín e intenta cultivar las semillas que seguro que se encuentran entre la tierra (capítulo 9). Coloca una plántula de cada clase en tu herbario. Otros lugares adecuados para recoger tierra con semillas son los prados, los bosques, entre los setos, las orillas de las charcas, un pequeño remanso de un río, debajo de un coche aparcado en el campo, los neumáticos de un tractor, o en unas botas enfangadas.

Cada vez que escojas una planta, toma nota en tu cuaderno de todos los detalles que creas convenientes. Después veremos la manera de descubrir el nombre de cada una. Debes poner las plantas en la prensa el mismo día que las recoges. Si has salido a recolectar lejos de casa, ponlas dentro de una bolsa de plástico bien cerrada.

Coloca la prensa en un lugar seguro, mejor en un armario o estante abierto, en una habitación cálida, pero sin que le llegue el sol directo.

Si tienes la planta entera y con raíces, elimina la tierra que pueda llevar entre ellas con agua. Seca las raíces con un pañuelo de papel, o con un paño absorbente. A continuación, extiende una de las hojas de papel de periódico y coloca la planta en la mitad de la derecha. Arregla la posición de las hojas y los tallos, de modo que quede bien visible el punto de donde arranca cada tallo y que las hojas queden planas. Si la planta tiene flores, procura que alguna quede prensada abierta y otras cerradas. Si es leñosa o rígida puede resultarte difícil prensarla entera. Córtale algunas ramas de detrás, de manera que puedas ponerla plana sobre el papel. Escribe el número de referencia de la planta en el papel, para que no te confundas con las otras plantas que pondrás en la prensa. Luego dobla la mitad izquierda de la hoja de papel sobre la planta. Esta operación es delicada puesto que debes vigilar que al doblar el papel no cambie la posición de las hojas o de las ramas, ya que éstas tienen tendencia a volver a su posición natural.

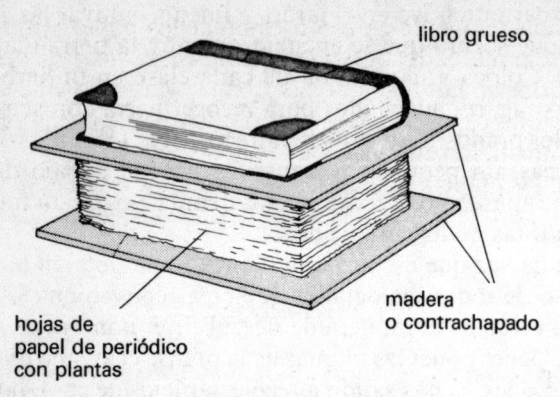

Disposición de la prensa

Maneja el pliego de papel con cuidado cuando lo pongas en la prensa. Puedes poner al mismo tiempo varias docenas de plantas en la prensa, cada una en su pliego de papel de periódico.

La finalidad de la prensa *no es* presionar la planta hasta que saque todos sus jugos. Pretendemos secarla *lentamente,* al tiempo que se aplasta hasta quedar plana. Es por esto que no debemos poner más de 1 kg sobre la prensa.

Si alguna de las plantas tiene las hojas o los tallos demasiado carnosos o gruesos necesitará más cuidados. Abre la prensa al día siguiente y cámbiala de papel (acuérdate de transferir al nuevo papel el número de referencia) y tacha el número en la hoja vieja, puesto que ésta podrás aprovecharla para otra planta si la secas colgándola al sol o ante la estufa. Las plantas que no son carnosas también necesitarán un cambio de papel, pero cada tres o cuatro días. Si no lo haces, probablemente se enmohecerán. Mientras las plantas se están secando puedes mejorar la posición de las hojas o los tallos ligeramente, de modo que se parezcan todo lo posible a las plantas vivas. A partir de la primera semana será suficiente con cambiar los papeles una vez por semana. Si recoges más plantas para prensar puedes ponerlas en la misma prensa, pero separadas de las otras por varias capas de papel de periódico, para que las nuevas no transfieran humedad a las secas. No tengas prisa en sacar las plantas de la prensa. Notarás que están realmente secas porque se vuelven completamente quebradizas.

Montaje

El paso siguiente consiste en montar las plantas sobre el papel blanco. Antes de hacerlo deberás recortar de las plantas los tallos que sobresalgan del papel o las hojas que hayan quedado mal prensadas o manchadas, para conse-

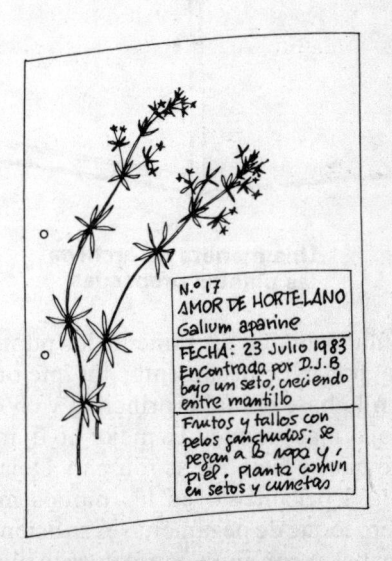

**Una hoja del herbario
lista para ser archivada**

guir dar al conjunto un aspecto real y bonito. Puedes montar varias plantas *de las misma clase* en una misma hoja de papel reuniendo, por ejemplo, un ejemplar que tenga las flores en la mejor posición, otro en el que se vean muy bien las hojas, etc. Colócalas sobre el papel lo más espaciadas que puedas, y dejando espacio para la etiqueta. Con un

**Una manera de archivar
las plantas prensadas**

lápiz bien afilado, marca ligeramente los puntos más adecuados para poner el pegamento; los mejores generalmente son en la base del tallo principal y en el centro de una de las hojas más grandes. Es mejor no fijar las hojas al papel, puesto que es fácil que se rompan. Deja las plantas aparte y pon el pegamento en los puntos marcados en lápiz; un ligero toque de pegamento es suficiente para fijar la planta al papel. A continuación, coloca la planta sobre el papel y presiona justo en los puntos donde pusiste el pegamento. Déjala encima de una mesa mientras se seca. Después vuelve a mirarla y añade un poco de pegamento si es necesario.

Cada hoja del herbario (puesto que ahora ya podemos llamarlo así) debe llevar una etiqueta en la que se dan los detalles de la planta. Puedes usar etiquetas engomadas, o escribir directamente sobre la hoja del papel de herbario. Copia todas las notas que tomaste en el cuaderno y añade cualquier información que vayas descubriendo sobre la planta. Entonces tendrás la hoja completa y a punto para colocarla en el herbario.

Cómo descubrir el nombre de las plantas

A veces, no es fácil descubrir el nombre de las plantas si éstas son pequeñas y, además, no tienen flores. Los ejemplares jóvenes de plantas de jardín son más fáciles de identificar, puesto que probablemente podrás leer el nombre, y quizá más información, en el sobre donde venían las semillas.

8. Las lentejas de agua

La lenteja de agua es una pequeña planta que vive en la superficie del agua de las charcas y en los canales. No sólo es pequeña sino que, además, es muy simple. Consiste en un disco aplanado que flota en la superficie del agua y unas raíces que cuelgan de él, dentro del agua. Aunque la lenteja de agua produce flores (también pequeñas y simples), tiene otro modo, muy efectivo, de reproducirse. Se trata de unas especies de ramas, también en forma de disco, que crecen de los lados de la planta progenitora; son exactamente iguales a ella sólo que, al principio, son más pequeñas. Cuando son suficientemente grandes, estas ramas se separan de la planta madre y flotan libremente. A veces, las nuevas plantas empiezan a echar nuevas ramitas (otras ramas hijas) *antes* de haberse separado de su propia planta madre. Entonces se forman unos grupos de 10 o 20 plantas de distintas edades y tamaños. De este modo, las lentejas de agua consiguen reproducirse a gran velocidad. Ello hace que sean plantas muy adecuadas para investigar cómo las distintas condiciones de vida pueden afectar su velocidad de reproducción.

Material necesario

Lentejas de agua (el nombre científico es *Lemna*). Hay varias clases de lentejas de agua, pero no importa cuál de ellas utilices, puesto que para tus experimentos sirven

Distintas clases de lentejas de agua

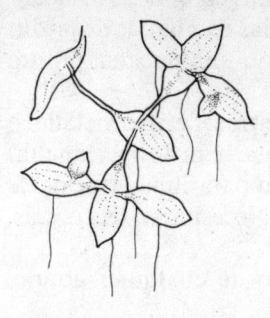

Lenteja de agua triple
(Lemna trisulca)

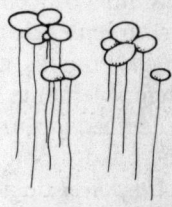

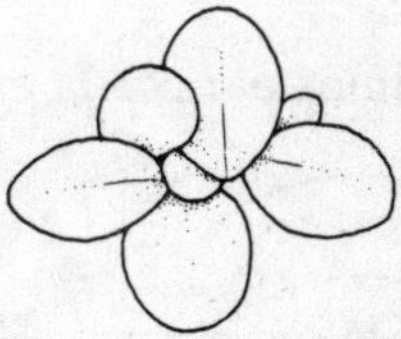

Roseta de lentejas de agua vistas desde arriba

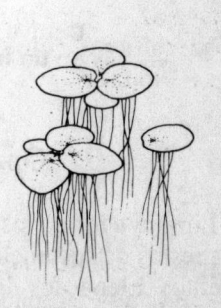

Lenteja de agua menor
(Lemna minor)

Lenteja de agua mayor
(Lemna polyrrhiza)

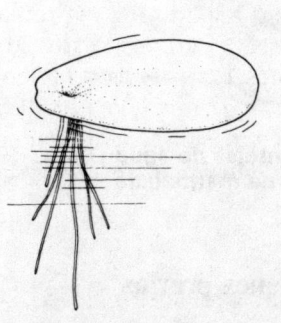

Lenteja de agua flotando en la superficie del agua

todas. Las encontrarás en charcas o canales, en primavera y verano. También puedes adquirirlas en tiendas de acuarios y en las floristerías especializadas en plantas de jardín acuáticas. No necesitas muchas: con una docena, pronto tendrás centenares.

Tarros de cristal (por ejemplo, tarros de mermelada o cualquier otra conserva, con tal de que sean de boca ancha) o recipientes de plástico o de cartón parafinado (tarros de yogur, botellas, etc., bien limpios). Necesitarás seis o más, preferiblemente todos iguales.

Fertilizante: un paquete pequeño de cualquier abono, que puedes obtener en la floristería.

Un pincel de acuarelas.

Materiales varios, distintos para cada experimento.

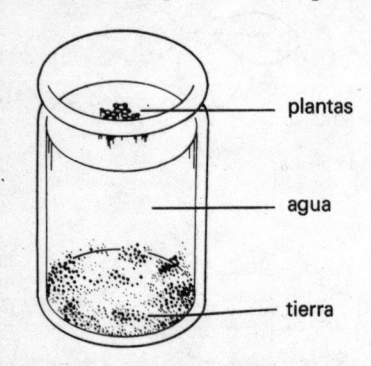

Cultivo de lentejas de agua en un frasco de mermelada

Operaciones previas

Limpia a fondo los tarros para eliminar completamente los restos de sustancias que puedan perjudicar tus experimentos. Llena dos de ellos con agua de la charca donde recojas las lentejas de agua o, mejor, con agua preparada especialmente (consulta la página 119) y una cucharadita de tierra de jardín. La tierra proporcionará minerales a las plantas. Coloca algunas lentejas de agua (de 5 a 10) en cada uno. Usa el pincel para cogerlas, ya que es la manera más segura de no dañarlas. Pon los tarros en un lugar iluminado, en el alféizar de una ventana, por ejemplo. Estos dos tarros serán nuestra provisión de lentejas de agua para realizar los experimentos.

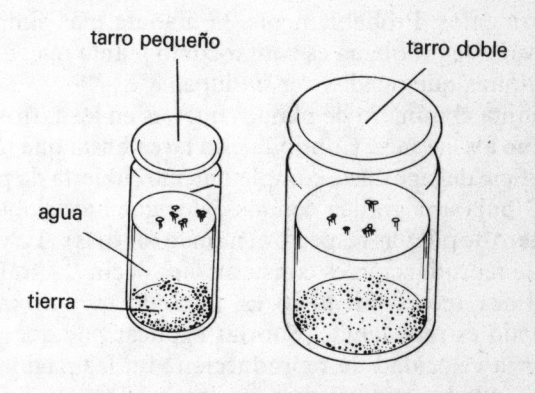

tarro pequeño

tarro doble

agua

tierra

Algunas cosas que investigar

A continuación, explicamos distintos experimentos para que puedas escoger. A menos que indiquemos lo contrario, cultiva las plantas en tarros con agua y tierra, como has hecho con los dos primeros. Estos experimentos son solamente algunos de los muchos que se pueden realizar con lentejas de agua. A medida que los vayas intentando, se te ocurrirán otros distintos.

1. *¿A qué velocidad se reproducen las lentejas de agua?* Coge un ejemplar de lenteja de agua y colócalo en la superficie del agua de uno de los tarros. Cada tres días, cuenta el número de ejemplares que tienes en el tarro. No creas que es tan fácil. Al contrario, es verdaderamente difícil decidir qué se ha de contar como plantas y qué como ramas de una planta. Las plantas nuevas empiezan por ser solamente una pequeña manchita y terminan por ser un disco de algunos milímetros de diámetro. ¿En qué momento podemos empezar a contarla como una nueva planta? Esto es algo que tú mismo deberás decidir. Una vez hayas establecido tu manera de contarlas, manténla durante todos los experimentos. Probablemente, la manera más simple de resolver este problema es contar como planta nueva todas las ramitas que puedas ver *sin* lupa.

Apunta el número de plantas que ves en los tarros cada vez que los cuentes. Continúa esta tarea hasta que toda la superficie del agua esté completamente cubierta de plantitas. Dibuja una gráfica con los datos que hayas obtenido (número de plantas respecto al número de días). ¿La velocidad de reproducción es constante? (es decir, ¿la gráfica es una línea recta?) Si no lo es, ¿cuándo es más rápida? ¿Cuándo es más lenta? ¿Sabrías explicar por qué puede variar la velocidad de reproducción? En las páginas que siguen puedes ver algunas de las gráficas que puedes obtener.

2. *¿La superpoblación afecta a la reproducción?* Toma dos tarros, uno de tamaño normal y otro de aproximadamente el doble. Llena ambos con la misma cantidad de agua. Añade la misma cantidad de tierra en cada uno. Pon el mismo número de ejemplares de lenteja de agua (es decir, cinco) en cada uno. Cuenta las que tienes en cada tarro una vez por semana. Dibuja una gráfica con los resultados.

3. *¿Las distintas clases de lentejas de agua se reproducen a la misma velocidad?* Cultiva dos o tres clases distintas de lenteja de agua en tarros separados y bajo condiciones idénticas. Empieza a partir del mismo número de ellas (por ejemplo, cinco). Cuéntalas una vez por semana.

4. *¿La cantidad de alimento afecta al crecimiento?* Prepara cuatro tarros, uno con agua destilada o agua de lluvia y sin tierra (es decir, sin alimento); los otros tres, llénalos con agua (de lluvia o agua preparada) y con cantidades distintas de tierra: media cucharadita, dos y ocho.

5. *Otras maneras de investigar sobre los efectos de la cantidad de alimento en los cultivos de lentejas de agua.* Prepara cuatro (o más) tarros con distintas cantidades de un fertilizante disuelto en agua, y pon un número igual de lentejas de agua en cada uno. Para empezar, inténtalo con las soluciones siguientes. Separa una cantidad pequeña (una décima parte de una cucharilla de café) de fertilizante, siguiendo las instrucciones que se dan en la página 120. Disuelve esta cantidad en 1 litro de agua. Esta es nuestra solución patrón. Llena con ella un tarro, y asegúrate de que te queda todavía medio litro. Mezcla exactamente medio litro de agua con el medio litro de solución patrón y agita bien el frasco. Esta solución está disuelta a la mitad. Ahora, mezcla medio litro de ella con medio litro de agua para obtener otra disuelta a un cuarto. Si quieres, puedes obtener mezclas disueltas a un octavo o a un dieciseisavo por el mismo sistema. Pon un número igual de plantas en cada tarro y estudia sus velocidades de reproducción.

Esta clase de experimentos se pueden realizar con otro tipo de fertilizantes. También puedes intentarlo mezclando distintos fertilizantes en distintas proporciones, con lo que obtienes mezclas con distintas cantidades de nitrógeno, potasio o fósforo. Ello te permitirá estudiar el efecto que tiene sobre el crecimiento y la reproducción de las lentejas de agua el hecho de eliminar uno de aquellos componentes. Puedes intentar ver cuál es la mejor mezcla de fertilizantes para la lenteja de agua.

6. *¿Y cómo afecta la luz a las lentejas de agua?* Prueba

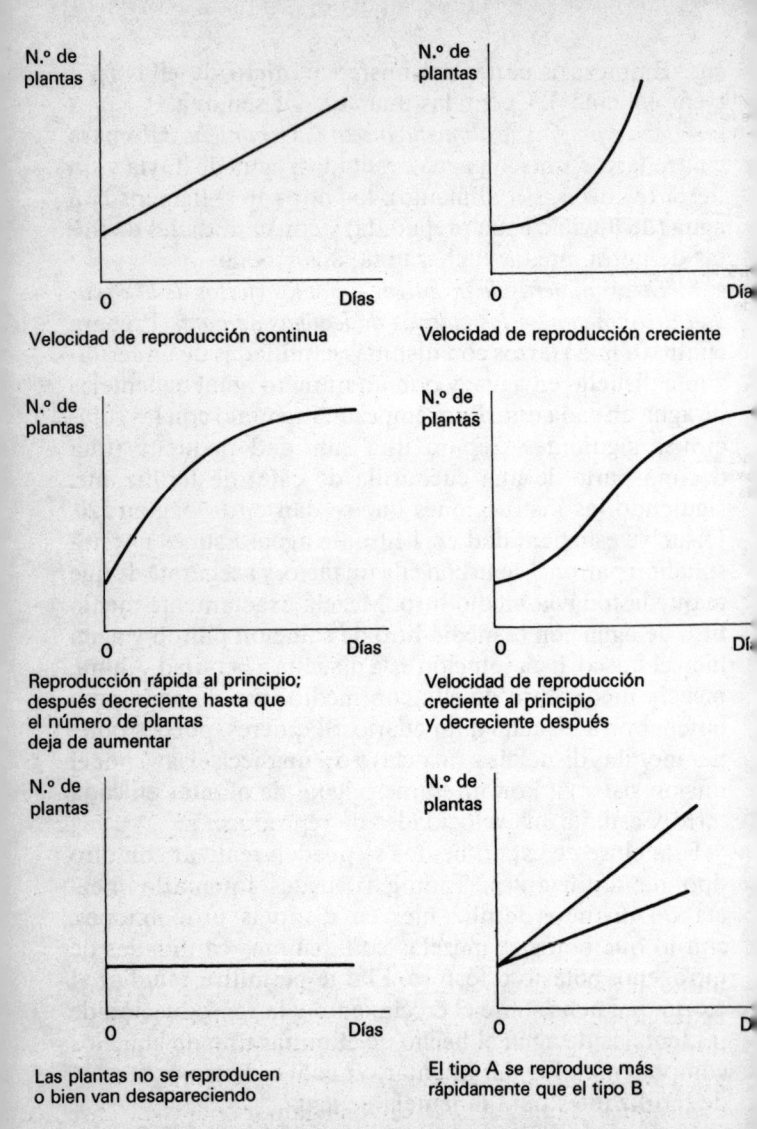

N.º de plantas / **Días**
Velocidad de reproducción continua

N.º de plantas / **Días**
Velocidad de reproducción creciente

N.º de plantas / **Días**
Reproducción rápida al principio; después decreciente hasta que el número de plantas deja de aumentar

N.º de plantas / **Días**
Velocidad de reproducción creciente al principio y decreciente después

N.º de plantas / **Días**
Las plantas no se reproducen o bien van desapareciendo

N.º de plantas / **Días**
El tipo A se reproduce más rápidamente que el tipo B

¿Se parece alguna de estas gráficas a la tuya?

/10 de cucharilla
e fertilizante
+ 1 litro de agua

dilución patrón

después

recipiente de cultivo lleno

1/2 litro de dilución
patrón + 1/2 litro
de agua

= dilución patrón 1/2

después

recipiente de cultivo lleno

1/2 litro de dilución
patrón 1/2 + 1/2 litro
de agua

= dilución patrón 1/4

después

recipiente de cultivo lleno

y así hasta conseguir
diluciones del patrón
a 1/8 y 1/16

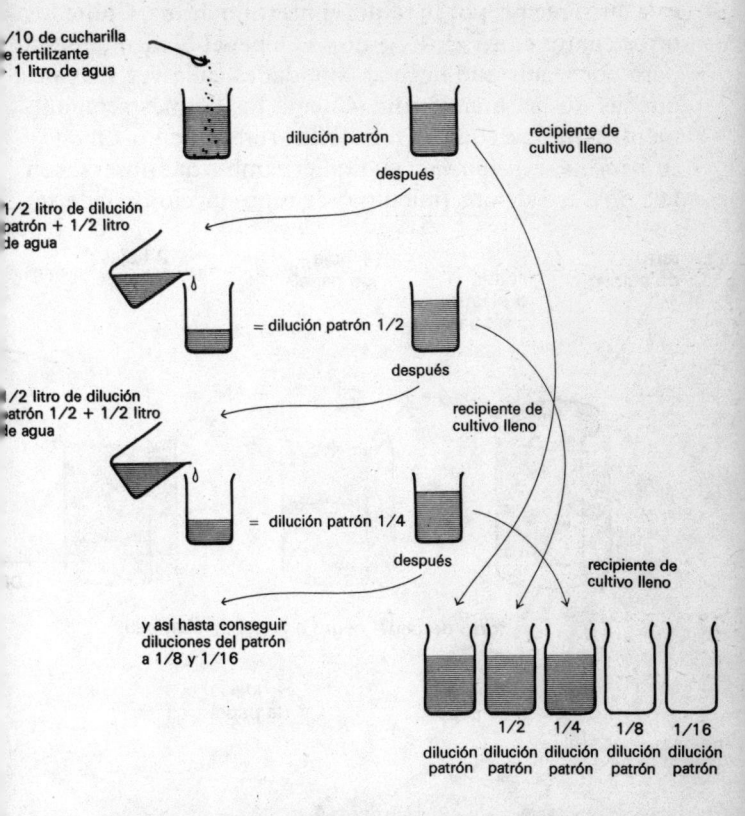

| 1/2 | 1/4 | 1/8 | 1/16 |

dilución dilución dilución dilución dilución
patrón patrón patrón patrón patrón

Preparación de las diluciones de fertilizante

ahora variar la cantidad de luz que llega a las lentejas de agua. Coloca un papel negro (o papel de aluminio) alrededor de cada tarro. Con ello consigues cortar la luz que llegaba por los lados del tarro hasta las plantas. Ahora podrás controlar la cantidad de luz que llega por encima. Cubre uno de los tarros con un cristal o un plástico transparente;

este tarro recibe, por lo tanto, el máximo de luz. Cubre los otros cuatro con 1, 2, 4 y 8 hojas de papel blanco de seda para conseguir que lleguen cantidades cada vez más pequeñas de luz a cada uno. Cuenta las plantas semanalmente y analiza cómo la luz afecta al crecimiento. En este *y en los demás experimentos* cualquier cambio que observes en la velocidad de crecimiento o de reproducción puede ser

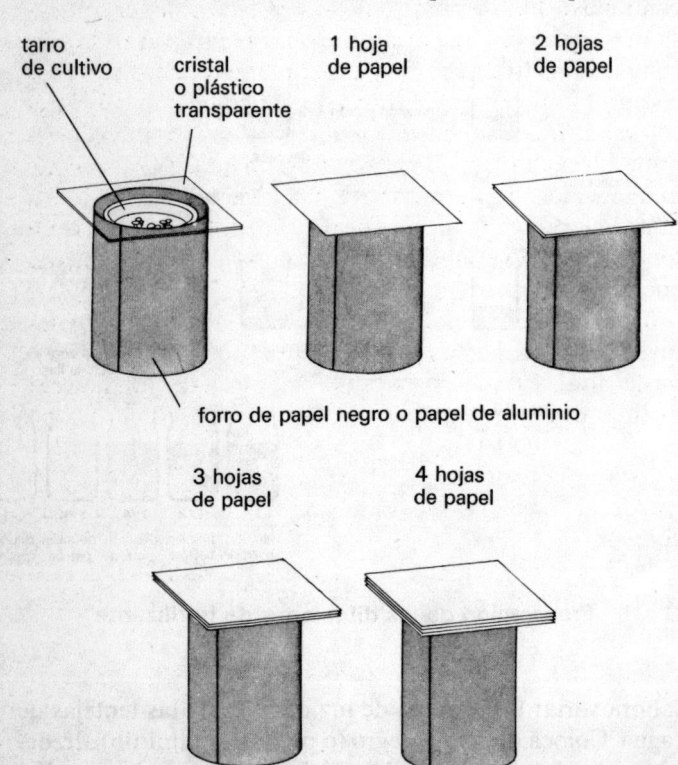

Estudio del efecto de la luz sobre el crecimiento de las lentejas de agua

que vaya acompañado de otros acontecimientos. Fíjate en los cambios de aspecto que puedan sufrir las plantas (pérdida de raíces, raíces más pequeñas, color amarillento de las plantas u otros cambios de color o de forma que afecten a las plantas y a sus raíces).

7. *¿El color de la luz afecta a las lentejas de agua?* Es difícil conseguir cambiar el color de la luz sin cambiar a la vez la cantidad de luz, de modo que no será fácil obtener conclusiones seguras en este experimento. Prepara varios tarros, como lo has hecho para el experimento 6, pero cúbrelos con un plástico o papel transparente coloreado. El papel coloreado transparente que se usa para envolver regalos es muy adecuado para nuestro experimento. Para hacerte una idea de la cantidad de luz que llega hasta las plantas mantén levantada una hoja de papel de color encima de un fondo blanco y ve superponiendo otras hojas de color, una encima de la otra.

8. *Otros experimentos que puedes hacer.* Tú mismo puedes inventar experimentos parecidos a los que hemos descrito hasta aquí. Entre las preguntas que puedes plantearte, intenta responder a éstas:

¿Afecta la temperatura al crecimiento?

¿Afecta la cantidad de aire que hay en el agua el crecimiento?

¿Afecta al crecimiento la presencia de animales acuáticos (como larvas de libélula, notonectas, etc.) en el mismo tarro?

9. Las semillas

Hay plantas grandes y plantas pequeñas, pero cualquiera que sea su tamaño, generalmente la semilla es el estado más pequeño en que se puede hallar la planta. En el interior de la semilla se está formando una nueva planta. Tiene una pequeña raíz dispuesta a crecer y a formar una gran cantidad de raíces ramificadas. Tiene un pequeño vástago dispuesto a crecer para formar un tallo ramificado, del cual nacerán hojas y flores. Contiene un almacén de alimento para ayudar a la pequeña planta a salir adelante. Los cotiledones de algunas plantas son verdes; por lo tanto, si les llega luz pueden fabricar alimento para la joven planta hasta que ésta desarrolle sus propias hojas.

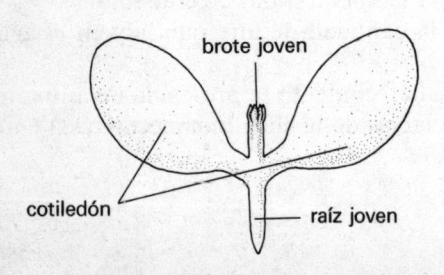

Esquema de una semilla típica, sin la cáscara. En la mayoría de las semillas, estas partes se hallan plegadas y apiñadas de forma que es difícil distinguirlas.

Las semillas se forman en la flor como resultado de la fecundación de la célula huevo en los óvulos (la parte femenina reproductora) por los espermatozoides de los granos de polen (la parte masculina). La fecundación es una oportunidad para el entrecruzamiento, de modo que ayuda a adquirir mayor variedad. Por ejemplo, la gran variedad de colores y formas de los pétalos que puede tener la capuchina de jardín es resultado del cruzamiento entre flores de capuchina de distintos colores y formas.

Las semillas ayudan a las plantas a extenderse hacia nuevas áreas. Las semillas de muchas plantas muestran adaptaciones especiales que les facilitan el transporte hacia áreas muy alejadas de la planta progenitora. Algunas son ligeras y pequeñísimas, tanto que vuelan por medio del viento. Otras tienen alas o mechones de pequeños pelos que las ayudan a mantenerse en el aire por grandes distancias. Muchas otras son transportadas por los animales; tienen ganchos especiales para adherirse al pelo del animal. Estos sólo son algunos ejemplos de las muchas formas como pueden dispersarse las semillas. Observa los dibujos de las páginas siguientes.

Las semillas pueden ayudar a la planta a sobrevivir a una estación desfavorable. Las plantas no necesitan agua cuando están en forma de semilla. Por lo tanto, resisten mucho mejor el calor y el frío en forma de semilla. Así, una semilla puede sobrevivir en condiciones en las que la planta progenitora moriría. Cuando termina la estación desfavorable (el invierno o el verano), y las condiciones vuelven a ser buenas para las plantas, la semilla germina y empieza a desarrollar la nueva planta.

En este capítulo vamos a fijarnos en las semillas de algunas plantas silvestres para ver el papel que realizan dentro de la historia de la vida de la planta. Las semillas de algunas clases de plantas han sido muy estudiadas, pero existen muchas otras plantas cuyas semillas nunca han sido trata-

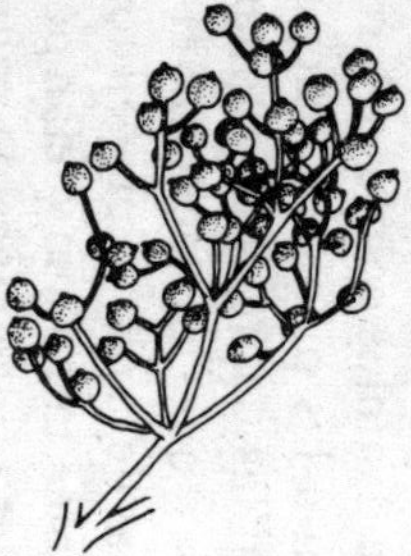

Las bayas del Saúco (**izquierda**) son el alimento preferente de muchos pájaros. Cuando los pájaros se comen las bayas, las pepitas pasan por su tubo digestivo sin ser dañadas. De este modo, cuando salen con los excrementos del pájaro pueden germinar lejos del árbol que las había formado

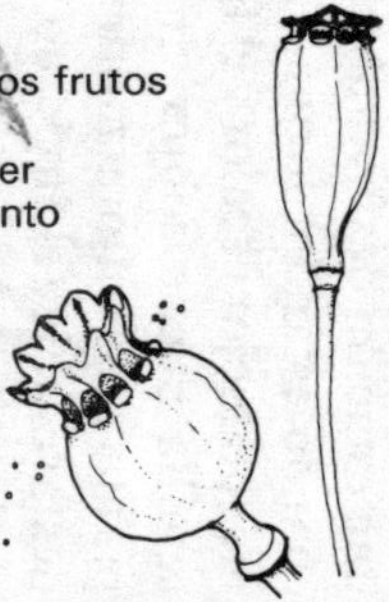

Cuando los frutos de la Amapola (**izquierda**) maduran, se abren pequeños poros debajo de la tapadera que dejan escapar las semillas. Como los agujeros están en la parte de arriba, las semillas no caen directamente al suelo. Los tallos de la Amapola son tiesos y elásticos y cuando el viento los balancea esparcen las semillas en todas direcciones. Las semillas de la Amapola son muy pequeñas y ligeras, de modo que pueden volar grandes distancias llevadas por el viento.

Las vainas de la Retama (**derecha**) se secan cuando maduran. Entonces las dos valvas se enroscan en direcciones opuestas, estallando súbitamente y dispersando las semillas hasta más de un metro

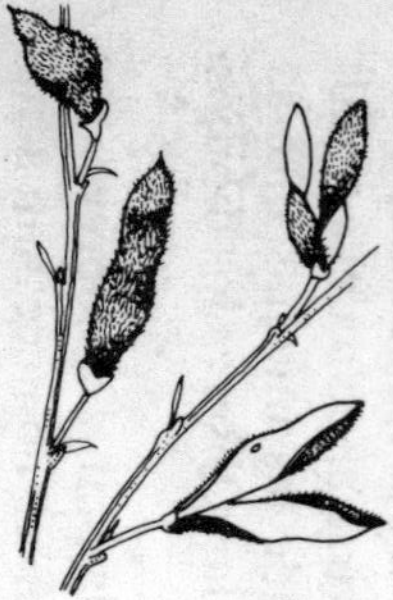

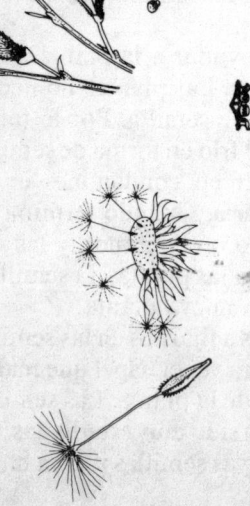

La corona de pelos de los frutos del Diente de león permite a las semillas ser transportadas por el viento

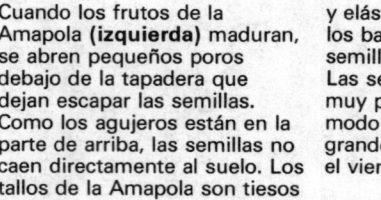

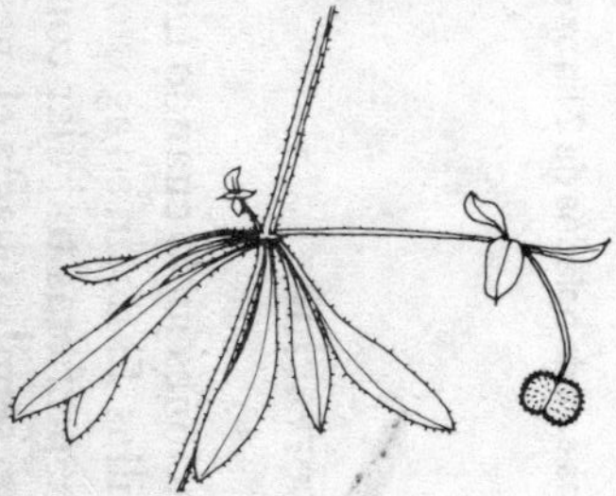

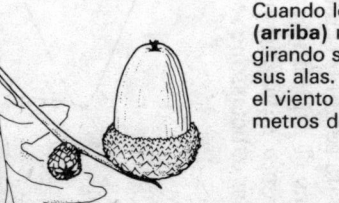

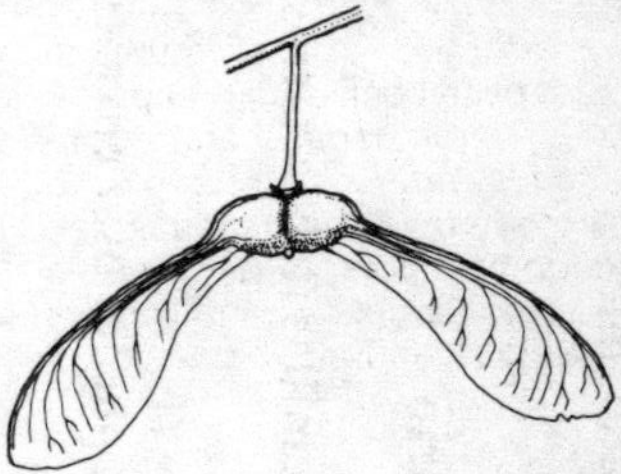

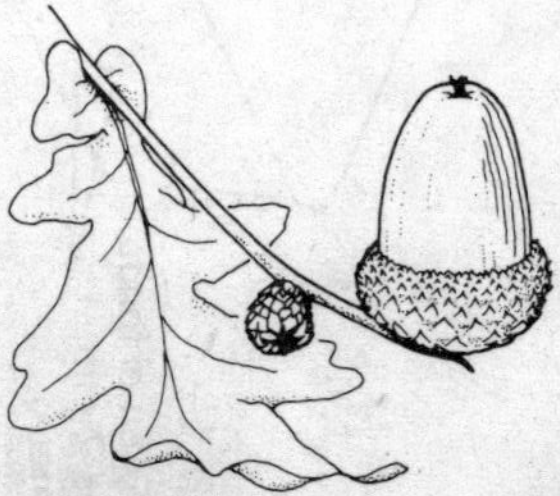

Cuando los frutos del Arce **(arriba)** maduran, caen del árbol girando sobre sí mismos gracias a sus alas. Durante su ligera caída, el viento los desplaza a varios metros del árbol

Las Bellotas constituyen el alimento de algunos animales. Gracias a ello, estos frutos y otros parecidos pueden ir a parar lejos del árbol que los ha formado: animales como las ardillas los recogen y los guardan para el invierno, de modo que pueden llegar a germinar en otros lugares.

Distintas clases de semillas y frutos, que representan los distintos métodos de dispersión

Los pelos ganchudos que cubren los tallos y los frutos del Amor de hortelano **(arriba)** se pegan a la piel de los animales. De este modo, los frutos son transportados a grandes distancias das con detalle. A lo largo del capítulo podrás descubrir cosas que todavía nadie ha encontrado antes.

Material necesario

Dos o tres recipientes para recoger semillas (tubos, tarros, bolsas de plástico o sobres).
Tierra de jardín para semillas.
Una cubeta para sembrar semillas; puedes usar envases de helado (como el del dibujo).
Bolsas de plástico suficientemente grandes como para meter en ellas las cubetas, que se puedan cerrar por arriba.
Lupa.

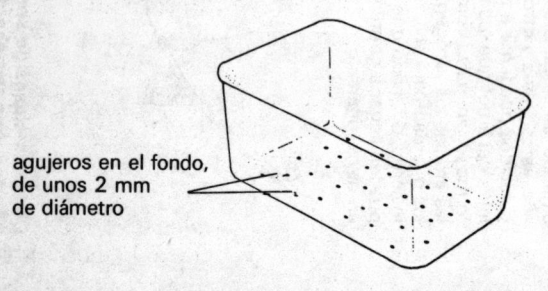

agujeros en el fondo, de unos 2 mm de diámetro

Cubeta para sembrar semillas hecha con una caja de helados de 2 litros u otro recipiente similar de plástico

Recolección y observación

Debes iniciar las primeras operaciones justo cuando las plantas acaban de fabricar sus semillas. Es decir, en agosto, septiembre u octubre, a menos que prefieras trabajar con plantas de primavera, que producen semillas hacia el mes de mayo. Es más interesante estudiar plantas silvestres y quizá todavía más si son plantas poco comunes. Recoge semillas o frutos de la planta tan pronto veas los frutos maduros. No hace falta dañar el resto de la planta. Recuerda que algunas plantas producen frutos venenosos, de modo que *no se te ocurra probar los frutos que recoges.*

Es mejor recoger semillas de dos o tres plantas distintas. De este modo, si una de ellas no da buenos resultados (por ejemplo, puede tener dificultades para crecer), al menos tendrás otras para seguir trabajando. Por otro lado, no recojas plantas de demasiadas clases; ya tendrás bastante que hacer con sólo dos o tres.

Si son semillas grandes, déjalas en remojo en agua durante toda la noche. Después podrás quitarles las cáscaras usando cualquier cuchillo o espátula. Cuando las abras, intenta reconocer en su interior los cotiledones y las jóvenes raíces. Éstas son muy pequeñas y, a veces, difíciles de ver.

En el campo puedes intentar descubrir algunos hechos relacionados con la producción de semillas. He aquí algunas preguntas que responder:

1. *¿Cuántas semillas produce una planta?* Calcula el número medio de semillas que producen 10 plantas de la misma especie. Si la planta produce gran cantidad de frutos, y cada uno contiene muchas semillas, recoge, por ejemplo, 10 frutos y cuenta cuántas semillas contiene cada uno. De este modo sabrás el número medio de semillas por fruto. Después calcula o cuenta el número de frutos que produce cada planta. Multiplicando los dos promedios obtendrás el número medio de semillas por planta.

2. *Las plantas, los frutos o las semillas, ¿muestran alguna característica que ayude a las semillas a alejarse de la planta progenitora?*

3. *¿Cuál es la mayor distancia a la que pueden desplazarse* *las semillas?* Intenta realizar algunas pruebas prácticas para responder a esta pregunta.

4. *¿Los animales comen los frutos y las semillas? Si es así, ¿qué animales?*

Investigación

El paso siguiente consiste en investigar algo más acerca de la germinación de las semillas. Puedes intentar cultivar varias semillas a la vez, pero guarda también algunas para hacerlas germinar más tarde. Guárdalas en un lugar seco y fresco, en bolsas de plástico o tarros sin tapar, puesto que podrían enmohecerse. Es mejor usar sobres de papel o cajas de cerillas, puesto que permiten que las semillas pierdan la humedad si no estaban totalmente secas en el momento de recogerlas. Si recogiste frutos jugosos, como bayas de saúco o tapaculos de rosal, guárdalos en recipientes abiertos para que puedan secarse rápidamente. No te olvides de marcar con el nombre de la planta o de la semilla las cajas o bolsas donde las guardes, puesto que al cabo de una o dos semanas, cuando se hayan secado, es fácil que hayas olvidado su nombre.

Son muchas las cosas que puedes investigar haciendo germinar semillas. Prepara cubetas con tierra especial para semillas o, en su lugar, cajas o recipientes pequeños, con lo que ahorrarás espacio y tierra. Riega la tierra con agua de lluvia o agua preparada (consulta la página 119), y luego deja que escurra toda el agua sobrante. Siembra las semillas, cúbrelas con tierra seca si es necesario y coloca la caja dentro de una bolsa de plástico. Mantenla en un lugar cálido y soleado (a menos que tu experimento requiera un tratamiento distinto).

He aquí algunas de las preguntas que puedes intentar responder:

1. *¿Las semillas germinan tan pronto como se separan de la planta madre?* Si observas que no germinan inmediatamente, puede ser que no estuvieran en su punto o bien que no les estés dando las condiciones adecuadas. Por lo tanto, lo que tienes que hacer a continuación es intentar que empiecen a germinar. Las preguntas que llevan un asterisco pueden ayudarte en este sentido. Si todo falla, tendrás que esperar algunos meses para continuar con tus investigaciones.

2. *¿Qué porcentaje de semillas germinan?*

3. *¿Cuánto tiempo dura la germinación?* Estúdialo en la mitad de tus semillas.

4. *Si tus semillas no han empezado a germinar tan pronto como las has recogido, ¿puede ser que germinen al cabo de seis meses o dentro de un año?*

5.* *¿Necesitan haber pasado un período de frío para germinar?* Prueba poniendo algunas en la nevera durante un mes antes de intentar que germinen.

6.* *¿Necesitan luz para germinar?*

7.* *¿Necesitan oscuridad total para germinar?*

8.* *Si se encuentran dentro de un fruto jugoso, ¿germinarán mejor si aplastamos el fruto y lo plantamos entero, con las semillas dentro, o si sacamos la pulpa del fruto y la plantamos separadamente?*

9.* *¿Germinan mejor si las plantamos casi en la superficie de la tierra o si las enterramos a cierta profundidad (por ejemplo, 1 cm, 2 cm o 4 cm)?*

Otra cosa que puedes hacer es preparar una caja con tierra y enterrar en ella una o dos semillas cada día durante un mes. Al final del mes tendrás un conjunto de plántulas jóvenes en todos los estadios de germinación y crecimiento. Trata de sacarlas sin dañar las raíces y sécalas en la prensa (capítulo 7). Ponlas en una hoja de papel por orden de edades.

Una pregunta final: *¿Es importante plantar las semillas muy temprano, mucho antes de la primavera?* Planta algunas semillas (pongamos, 20) cada dos semanas, empezando a mediados de febrero y hasta mediados de mayo. Cultívalas en las mismas condiciones. Las semillas plantadas primero pueden germinar primero, pero ¿llegan a alcanzarlas las plantadas más tarde?

10. Cultivo de cactos

Los cactos son plantas muy especiales. Están adaptados para vivir en desiertos o lugares parecidos, donde casi no llueve durante el año. En la corta estación lluviosa, toman grandes cantidades de agua y la almacenan para usarla durante los meses de sequía. Es por ello que tienen los tallos carnosos, hinchados. Con esta forma más bien redondeada, tienen reducida el área por donde podría escaparse el agua (es decir, la superficie). El interior de los tallos consiste en unos tejidos especiales que pueden recoger gran cantidad de agua. Los cactos tienen pocas ramas y muchas veces, en lugar de hojas planas, tienen pinchos. Las plantas que tienen las hojas planas pierden gran cantidad de agua por la evaporación que tiene lugar en sus hojas, mientras que los pinchos de los cactos casi no dejan escapar agua del interior de la planta.

De este modo, los cactos pierden agua muy lentamente y sus provisiones duran mucho tiempo.

Cuando llueve en los desiertos, generalmente lo hace fuerte y poco rato. El suelo se llena de agua pero esta agua se cuela rápidamente hacia abajo, puesto que el suelo suele ser muy arenoso. Por lo tanto, los cactos tienen que coger tanta agua como puedan en el corto tiempo que pasa antes de que el agua desaparezca de las capas superficiales del suelo. La mayoría tienen las raíces muy superficiales, justo por debajo del suelo, y se extienden en horizontal hasta distancias considerables. De este modo, pueden recoger rápidamente agua de un área mayor de suelo.

Los cactos dan flores, pero generalmente son pocas y no duran mucho tiempo. En compensación, son flores grandes, brillantemente coloreadas y muy atractivas. Las flores producen semillas pero los cactos pueden reproducirse también de otros modos. Algunos desarrollan pequeñas ramitas que acaban separándose de la planta madre y enraizando por su cuenta. También puedes aumentar la cantidad de cactos de tu jardín por medio de esquejes (consulta el cap. 4).

Las raíces de los cactos se extienden cerca de la superficie del suelo para captar agua de lluvia

Material necesario

Semillas de cactos (mezcladas). Compra uno o dos paquetes en una floristería.

Tierra especial para cactos, que encontrarás en la misma tienda.

Otra clase de tierra, de la ordinaria para semillas, mezclada en cantidades iguales con arena lavada.

Macetas, de unos 12 cm de diámetro. Necesitarás una para cada paquete de semillas. También puedes usar envases de yogur agujereados en el fondo.

Macetas pequeñas, de unos 5 cm de diámetro. Son para poner un solo cacto en cada una; necesitarás una docena o más, según la cantidad de cactos que piensas cultivar.

Bolsas de plástico, suficientemente grandes como para que quepan en su interior las macetas grandes, con un trozo de cordel o de alambre para cerrarlas por arriba.

Una cucharilla o un palito de plástico o de madera (por ejemplo, los triángulos que llevan el nombre de la planta en las jardinerías). Los necesitarás para plantar los cactos.

La siembra

Puedes empezar esta actividad en cualquier estación del año. Si lo haces en verano, podrás cultivarlos en el alféizar de una ventana o en un invernáculo. Si lo haces en invierno, elige una ventana orientada hacia el sur en una habitación caldeada, puesto que los cactos necesitan calor y mucha luz mientras dura la germinación. Después, durante el invierno, quizás estarán mejor en una habitación fresca.

Es mejor comprar un paquete de semillas de cactos mezcladas. Esta mezcla suele contener semillas que germinan fácilmente. De hecho, no necesitas muchas plantas iguales; una mezcla de semillas te proporcionará cactos de varios tipos.

Prepara las macetas grandes con la tierra y presiónala hasta conseguir que quede plana por arriba (mira el dibujo de la página 11). Coloca las macetas dentro de una cubeta grande llena de agua de lluvia o agua especial (consulta la página 119) hasta que veas la tierra de la superficie húmeda. Después levántalas para que se escurran el agua sobrante. Abre el paquete de semillas con cuidado, porque algunas de las semillas pueden ser muy pequeñas, casi como polvo.

Primero saca las semillas grandes y plántalas en una de las macetas, colocándolas primero encima de la tierra, bien espaciadas y enterrándolas luego apenas por debajo de la superficie. Después, esparce por encima una capa muy delgada de tierra bien seca. Las semillas más pequeñas las puedes esparcir simplemente por encima de la tierra (en la otra maceta). Coloca las macetas dentro de bolsas de plástico, cuidando que no se vuelquen. Colócalas en un lugar cálido pero sin sol directo. Si las vas a tener dentro de casa, pon una hoja de papel blanco encima de las macetas o bien colócalas en el alféizar de una ventana orientada en dirección este u oeste.

Vigila las macetas una vez por semana. Si te parece que la tierra está seca, quita las macetas de la bolsa y colócalas dentro de la cubeta con agua durante unos 10 minutos; después déjalas que escurran y devuélvelas a las bolsas. De todos modos, lo más probable no es que estén secas sino, al contrario, demasiado húmedas. En este caso, verás pequeñas gotas de agua dentro de la bolsa de plástico. Lo que puedes hacer es sacudir la bolsa de plástico para que las gotitas caigan como una fina «lluvia» sobre las macetas.

Una operación delicada

Las semillas de cactos tardan algunas semanas en germinar. Algunas pueden hacerlo al cabo de 2 o 3 semanas, pero hay otras que tardan mucho más. Cuando las primeras plántulas son suficientemente altas (de unos 5 mm o más), hay que transferirlas, con cuidado de no romper las raíces, a macetas pequeñas. Para ello, tienes que haber preparado antes estas pequeñas macetas con tierra, haberlas regado y haberlas dejado escurrir. Cava un pequeño hoyo en la tierra, en el centro de cada maceta, y coloca dentro de él una planta de cacto, pero sin enterrarla mucho. Después ya puedes sacar las macetas grandes de las bolsas de plástico para ver si han germinado más semillas.

Durante las dos primeras semanas, cubre las macetas pequeñas con un trozo de cristal para evitar que pierdan mucha agua. Riega la tierra un poco si te parece que está demasiado seca, pero siempre hazlo metiendo las macetas en una cubeta con agua. Si el tiempo es muy caluroso, puedes regar las plantas con un pulverizador fino. Las plántulas pronto tendrán raíces, aunque no crecerán rápidamente, ni ahora ni nunca.

El cuidado de los cactos

Cuidar cactos es facilísimo, puesto que requieren muy poca atención. Pero es importante recordar que no necesitan riego frecuente. Al contrario, el riego frecuente los perjudica. Espera a que la tierra esté *completamente seca* antes de colocar las macetas en la cubeta de agua para que se empapen. Asegúrate de que la tierra está suelta y, por lo tanto, de que el agua se escurre bien después del riego. Si dejas las macetas en un platillo, éste se llenará de agua y la tierra se estará regando continuamente, cosa que debes evitar.

Ya puedes poner los cactos al sol, por ejemplo, en el alféizar de una ventana. En invierno, todavía necesitan menos riego que en verano, y estarán mejor en condiciones de frío seco. Con ello, es más probable que florezcan el año próximo.

Si algún cacto ha crecido demasiado para su maceta, puedes trasladarlo a una maceta más grande. Antes de hacerlo, riégalo mucho el día antes, puesto que después deberás mantenerlo muy seco.

Si no quieres que crezcan musgos en la tierra, esparce por encima una capa de arena lavada.

Un elemento decorativo

Un jardín de cactos puede ser un elemento decorativo para tu habitación. Para hacerlo, necesitas una cubeta de barro (una cazuela de alfarero) poco profunda. Recuerda que las raíces de los cactos se extienden mucho en horizontal, de modo que es mejor que no plantes muchos en el mismo recipiente.

En el fondo de la cazuela deberás poner una capa de grava, de unos 3 cm de grosor, para asegurar que la tierra escurrirá bien el agua. Encima pon una capa de tierra especial para cactos. Plántalos en esta capa, espaciándolos más de lo que lo harías en otras plantas para permitir que las raíces se expandan bien; si quieres una regla fija, deja una separación entre los cactos que sea el doble que su altura. Si lo prefieres, puedes cubrir la tierra con una capa de arena o grava fina. Ello puede darle algún parecido con el ambiente del desierto, y también evitará que crezcan musgos y hierbas. También puedes ponerle algunas piedras de colores bonitos o de formas extrañas, que añadirán interés visual a tu pequeño jardín.

11. Vegetales acuáticos en miniatura

Las algas son un grupo de plantas simples, casi todas de vida acuática. No obstante, entre ellas se encuentran algunas de las plantas más grandes del mundo, como los gigantes sargazos. Y también las más pequeñas, como las diatomeas y las desmidiáceas microscópicas que viven en las aguas naturales de todo el mundo. Estos son los miembros más pequeños del grupo que vamos a estudiar en este capítulo.

La mayoría de las algas son fáciles de cultivar (¡crecen hasta sin que lo queramos!). Te habrás dado cuenta de que crecen en nuestros cultivos de lentejas de agua (cap. 8) y de cotiledones de mostaza (cap. 12). Si tienes un acuario, sabrás que las algas que crecen en el cristal y los sustratos del fondo pueden llegar a ser un problema.

Las algas son los vegetales más simples que existen. Muchas constan de una sola célula. Otras consisten en unas cuantas células organizadas formando una pelota. Éstas son las que llamamos algas coloniales. En otras, las células se hallan reunidas formando largos filamentos. Las algas más complejas son las marinas, pero ¡no es probable que las encontremos en nuestros cultivos! En algunas algas existen más de una clase de células. En particular, puede haber células especializadas para la reproducción.

Como todos los vegetales, las algas fabrican azúcares y otros materiales que les sirven de alimento por medio de la fotosíntesis. Por lo tanto, contienen clorofila en sus células, concentrada en los cloroplastos. A veces también tienen otras sustancias coloreadas, de modo que, en lugar de ser verdes, son rojas, amarillas o hasta marrones, como muchas de las algas marinas. La mayoría de las algas que cultivarás en el acuario sólo tienen clorofila, y por esto son de color verde. En la mayoría de las otras clases de vegetales los cloroplastos son pequeñas bolitas verdes, y hay varios en cada célula. Los cloroplastos de las algas, en cambio, tienen formas muy variadas, como verás cuando estudies tus muestras de algas al microscopio. Muchas veces son grandes y suele haber uno solo en cada célula.

Las algas más sencillas generalmente viven libres en el agua, de modo que pueden desplazarse en ella. Algunas tienen pequeños pelos (los flagelos) que se mueven como látigos y hacen que el alga se mueva; son muy parecidos a los flagelos que se encuentran en muchos animales pequeños. Otras algas, que no tienen pelos, son capaces de deslizarse lentamente por el agua. Así, cuando veas una criatura verde microscópica moviéndose en el agua, no pienses que se trata de un animal de color verde. Lo más probable es que sea un alga. También puede ser que estés viendo un animal de una sola célula que acaba de atiborrarse de algas, y entonces lo que ves verde son las algas todavía no digeridas; también puede ser que veas una hidra *(Hydra)* que tiene un alga de una sola célula viviendo en su interior.

Material necesario

Botellas de cuello estrecho, preferentemente de cristal, y todas más o menos del mismo tamaño. Pueden servirte las botellas de refrescos, salsas o vino, mientras sean de vidrio sin color. También puedes usar botellas de plástico, como las de leche, siempre que sean de un plástico fuerte, que aguante temperaturas altas. Si no estás muy seguro de estas botellas, haz una prueba hirviendo una de ellas como describimos más adelante, antes de usarla para tus cultivos.

Un trozo de tubo de plástico o de cristal, suficientemente largo como para que llegue al fondo de las botellas.

Un paquete de algodón.

Una cucharilla.

Pequeñas cantidades de sustancia como carbonato de calcio (en polvo), fosfato amónico, nitrato amónico, un fertilizante completo, almidón. De todos modos, no vas a necesitarlas todas.

Una olla en la que quepan algunas botellas.

Un paño o unas manoplas de cocina para manipular las botellas calientes.

Una lupa.

Un microscopio. La mayoría de las algas que cultivarás son mucho más interesantes si se ven al microscopio. No hace falta que sea un microscopio muy bueno. Si no tienes acceso a ninguno, intenta fabricarte uno con una gota de agua. No cuesta nada hacerlo siguiendo las instrucciones que se dan el capítulo 13.

Preparación de cultivos

Limpia bien todas las botellas con agua caliente y detergente. Pon una capa de unos 2 cm de grosor en el fondo de las botellas. Procura que sea una tierra buena, por ejemplo, la de debajo de un seto o un matorral, que probablemente será rica en humus, puesto que acumula hojas muertas. Saca los trozos grandes de hojas antes de poner la tierra en las botellas. A continuación, llena las botellas con agua del grifo, hasta una altura de unos 10 cm. Tapa la boca de la botella con algodón.

Cuando tengas listas todas las botellas, colócalas en la olla o el cazo de modo que queden rodeadas de agua. Ponla

Selección de pequeños vegetales acuáticos comunes en charcas y fuentes

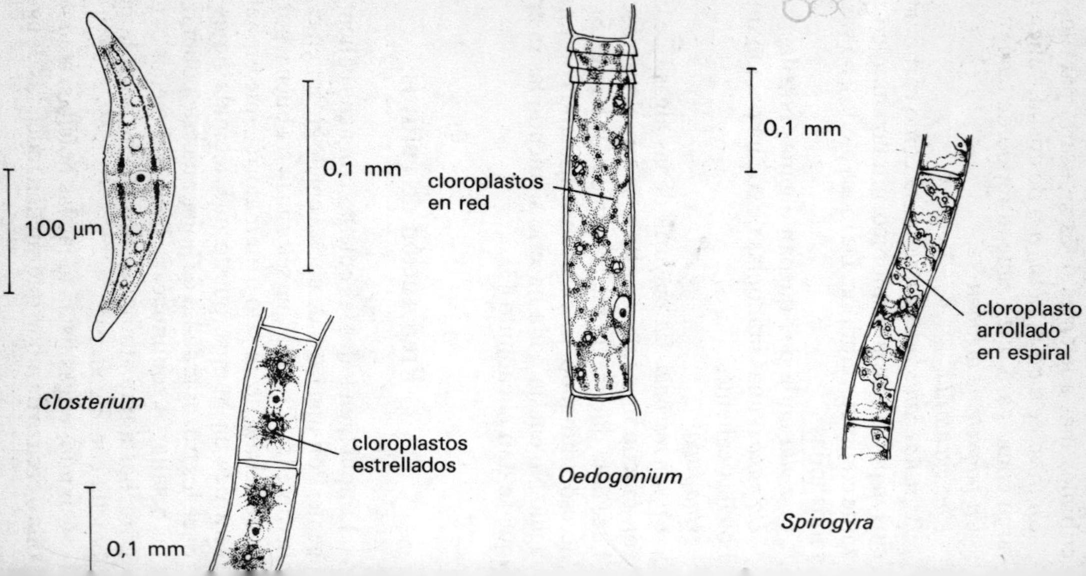

cloroplasto arrollado en espiral

Spirogyra

0,1 mm

cloroplastos en red

Oedogonium

0,1 mm

cloroplastos estrellados

Closterium

100 µm

0,1 mm

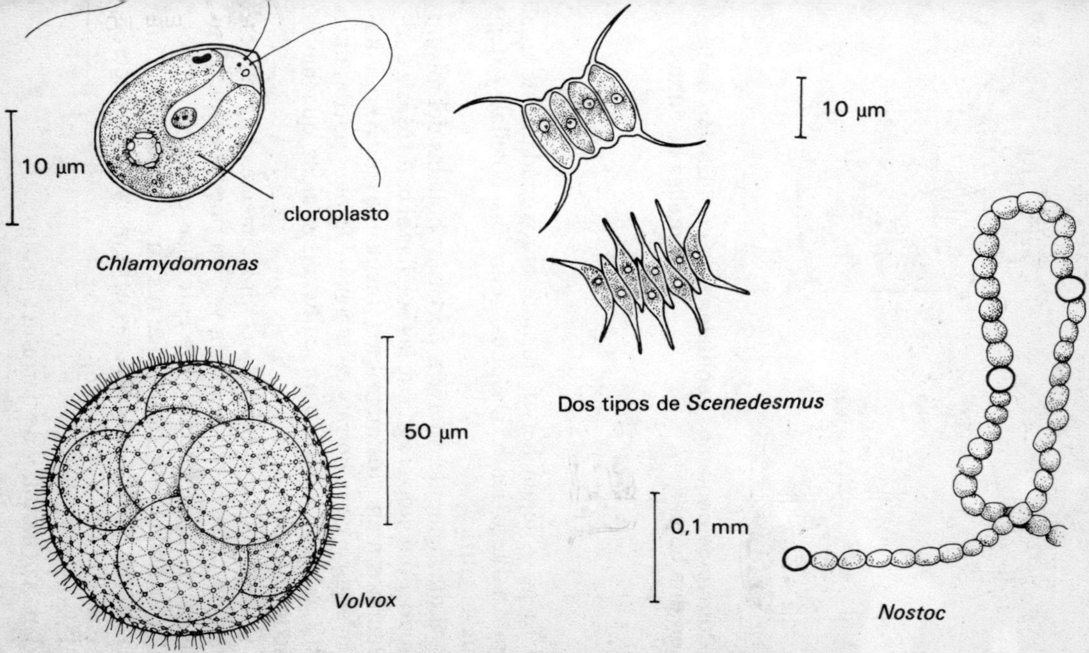

Chlamydomonas — cloroplasto — 10 μm

Dos tipos de *Scenedesmus* — 10 μm

Volvox — 50 μm

Nostoc — 0,1 mm

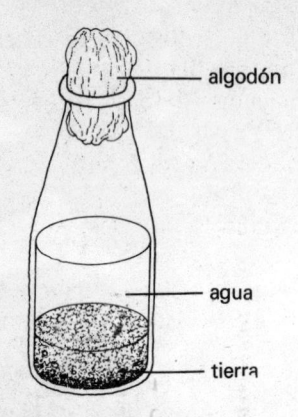

Cultivo de pequeños vegetales en una botella

Esterilización de las botellas de cultivo

al fuego y déjala hervir durante aproximadamente una hora a fuego lento. Después, retira las botellas y deja que se enfríen.

Al día siguiente, vuelve a hervir las botellas del mismo modo. Poniendo el agua de las botellas al baño María conseguimos matar los microbios (incluso las algas) que había, seguro, en la tierra y en el agua. Después puedes usar esta solución estéril para cultivar las algas que hayas escogido.

Cuando se haya enfriado completamente el agua, después de hervirla por segunda vez, ya puedes empezar tu cultivo de algas. Puedes conseguir algas en muchos sitios; aunque no las veas, seguro que sus esporas están ahí. Una vez en las botellas, las esporas germinarán y aparecerán las algas.

Puedes partir de:

Una cucharadita de tierra del jardín.

Una cucharadita de barro de la orilla de una charca.
Una cucharadita de barro de la orilla de un arroyo.

El raspado del cristal de un acuario o de las paredes de un lavadero al aire libre.

El raspado de una pared o madera que detiene el agua en una zanja.

El raspado de lo que se acumula en un desagüe o en una cañería.

Una cucharadita de tierra de una maceta, especialmente si ha sido muy regada, o de turba, de la usada para cultivar esporas de helecho (consulta el cap. 1).

Agua verdosa de una charca, un tanque de agua, o de otros cultivos que hayas hecho, siguiendo los capítulos 8 y 12.

Toma de muestras de algas del cultivo

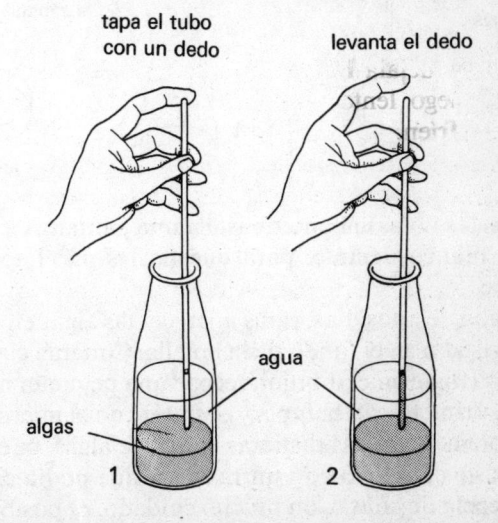

tapa el tubo con un dedo

levanta el dedo

agua

algas

1   2

Recoge alguno de los materiales que acabamos de citar y colócalo en distintas botellas de cultivo. Coloca las botellas en el alféizar de una ventana que reciba mucha luz. Puedes dejarlas a pleno sol, pero en tiempo muy soleado tendrás que vigilar que el agua no se caliente demasiado. Si al tocar las

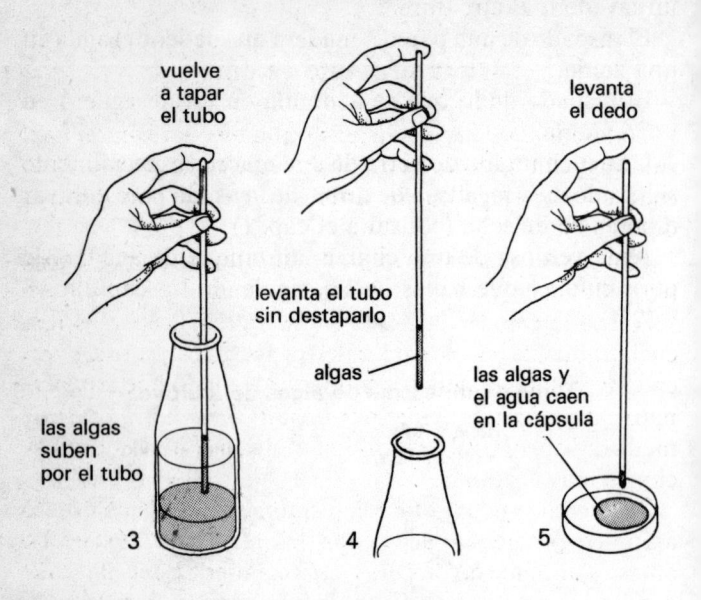

vuelve a tapar el tubo

las algas suben por el tubo

levanta el tubo sin destaparlo

algas

levanta el dedo

las algas y el agua caen en la cápsula

3   4   5

botellas las notas calientes, instala una pantalla de papel o cartón blanco delante, para que no les dé el sol directamente.

Al cabo de unos días, verás aparecer las algas en el agua, en el cristal o en el fondo de la botella. Con una cuchara o un tubo (fíjate en el dibujo), recoge una pequeña muestra. Mírala primero con la lupa, y después con el microscopio. Probablemente verás distintas clases de algas, puesto que empezaste el cultivo con un material que podía contener una mezcla de ellas. Con mucho cuidado, es posible recoger una sola alga y transferirla a una botella con agua limpia para conseguir cultivarla aislada. Es lo que se llama un *cultivo puro*. Si te dedicas un poco al cultivo de algas, pronto tendrás una buena colección de cultivos puros de algas de distintas clases.

Un interesante estudio

Todas las algas necesitan luz abundante para crecer y un suministro de dióxido de carbono disuelto en el agua. Pero cada clase de alga puede tener sus preferencias. Intenta descubrirlas:

Pon en las botellas tierra procedente de distintos lugares: tierra de maceta en unas, turba en otras.

Antes de colocar la tierra en las botellas, échales una cucharadita de carbonato cálcico. Después pon la tierra encima. Añade el agua con cuidado, de modo que el carbonato cálcico se mantenga por debajo de la tierra. De este modo, favorecerás el desarrollo del alga que prefiera condiciones más alcalinas.

Añade una cucharadita de fosfato amónico o de nitrato amónico, por debajo de la capa de tierra, como has hecho antes. Con ello, favorecerás el crecimiento del alga que necesite mayores cantidades de nitrógeno o de fósforo.

Añade una pequeña cantidad de fertilizante de uso general, también por debajo de la capa de tierra.

Realiza cultivos usando estas tres clases de mezclas y partiendo de un mismo material inicial como fuente de algas. Es fácil que descubras que el alga que aparece en una de las botellas es completamente distinta de las que aparecen en las otras.

12. Cómo medir el crecimiento de las plantas

En el capítulo 8 hemos visto que la cantidad de sustancias minerales y otras condiciones del medio afectaban la reproducción de las lentejas de agua. Contábamos el número de ejemplares y veíamos cómo aumentaban en cada caso. En realidad, medíamos la *reproducción*, pero las lentejas de agua tienen que crecer para reproducirse, de modo que también medíamos el *crecimiento*.

Medir solamente el «crecimiento» es difícil, puesto que cuando las plantas crecen, generalmente, *se desarrollan* al mismo tiempo. Sacan ramas y hojas nuevas, flores y frutos, y, además, a medida que envejecen, recubren todos sus tallos de corteza. Esto no es simplemente una cuestión de «aumentar de tamaño». Por tanto, es complicado estudiar los efectos de la alimentación y otras condiciones sólo sobre el crecimiento. Una manera de burlar esta dificultad es cultivar solamente una parte de la planta, por separado. Esta parte podrá crecer pero, en cambio, no podrá desarrollarse.

En este capítulo vamos a cortar los cotiledones de la planta de la mostaza tan pronto como germinen las semillas. Estos cotiledones, normalmente, actúan como fuente de alimento para la joven plántula, antes de que ésta haya tenido tiempo de sacar sus propias hojas y raíces para alimentarse a sí misma. Los cotiledones también pueden usar el alimento que llevan almacenado para su propio crecimiento, o bien son capaces de obtener un suministro de alimento a partir del dióxido de carbono, agua y sales minerales. Pueden absorber minerales a partir de una solución, probablemente de forma directa a través de su propia superficie. Más tarde, desarrollan algunas raíces y pueden absorber por ellas más minerales.

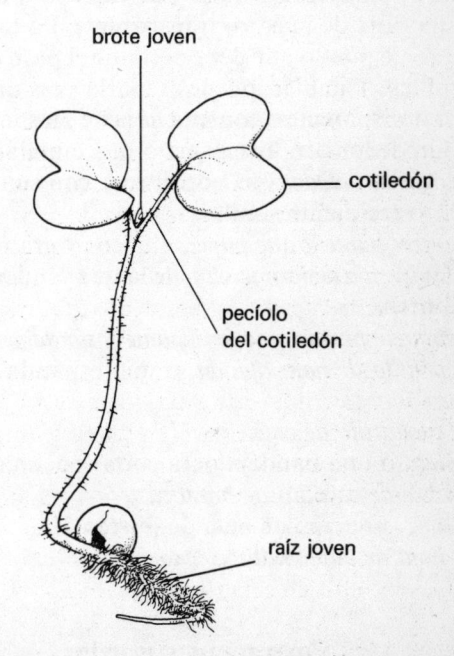

Planta de mostaza recién germinada la semilla

Vamos a medir el crecimiento de los cotiledones a base de medir el aumento de su superficie. También podremos medir la longitud total de las raíces que nacen de ellos. De esta manera, podremos ver fácilmente cómo las distintas condiciones de vida afectan al crecimiento.

Material necesario

Cápsulas de Petri de plástico o pequeños platillos, que pueden ser tapas de envases, por ejemplo, de nata o manteca. No importa que sean o no de plástico transparente. También puedes fabricarlas cortando el fondo de botellas de agua, de plástico. Para tapar las cápsulas puede servirte cualquier hoja de plástico transparente. La tapa debe ser transparente puesto que debe permitir el paso de luz hasta las semillas. También puedes taparla con una bolsa de plástico transparente o con una hoja de plástico de cocina, fijada alrededor con una goma o con cinta adhesiva.

Una caja de helados (de 1 o 2 litros), con su tapa, o cualquier otro recipiente similar.

Dos o tres pañuelos de papel, blancos y grandes.

Cualquier tipo de vermiculita, de la que venden en tiendas de jardinería.

Un paquete pequeño de fertilizante fosfatado.

Un cuchillo de hoja afilada, o una espátula o bien una navaja.

Una cucharilla de café.

Un plato o una bandeja para cortar encima.

Un sobre de semillas de mostaza.

Un lápiz (preferentemente de dureza H)

Una hoja de papel milimetrado.

Operaciones previas

Lo primero que hay que hacer es obtener algunos cotiledones de mostaza. Para ello, debemos hacer germinar las semillas. Limpia bien la caja de helados y coloca en el fondo varias capas de pañuelos de papel. Añade agua hasta que el papel se haya humedecido, pero sin que sobre agua. Esparce las semillas de mostaza por encima de los papeles, de modo que queden separadas aproximadamente 1 cm unas de otras. Coloca la tapa del envase (o si no, cúbrelo con plástico de cocina, fijado alrededor con una goma o con cinta adhesiva) y déjalo, ya tapado, en una ventana soleada. Controla diariamente el cultivo para asegurarte de que las semillas tienen la cantidad justa de agua. Cuatro o cinco días después, las semillas habrán germinado y habrán echado las primeras hojitas verdes: los cotiledones.

Germinación de semillas de mostaza

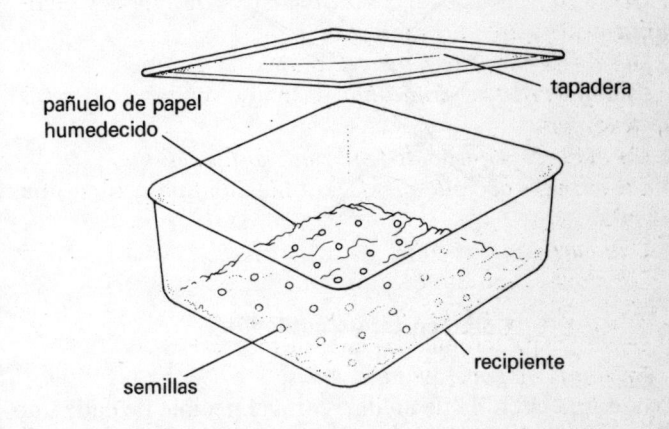

- tapadera
- pañuelo de papel humedecido
- recipiente
- semillas

Tarea de investigación

Es mejor que empieces por cultivar los cotiledones. Cuando tengas más práctica en la materia, podrás abordar los experimentos sobre los efectos de las distintas condiciones del medio sobre el crecimiento.

Coloca una capa de 2 cm de grosor de vermiculita en el fondo de uno o dos platillos. Prepara una solución de fertilizante de la manera que se indica en la página 120. Echa esta solución en los platos hasta casi llegar al nivel superficial de la capa de vermiculita. Toma una de las plantitas de mostaza y colócala en la bandeja. Con el cuchillo afilado

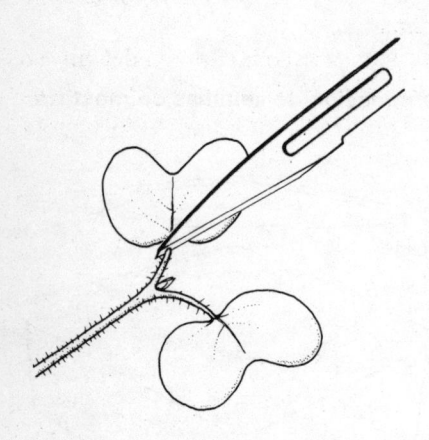

Cómo cortar un cotiledón

o con una cuchilla de afeitar, corta el pecíolo de cada uno de los cotiledones (fíjate en el dibujo). Recógelos y colócalos encima de la capa de vermiculita. Repite esta operación hasta que tengas 20 cotiledones espaciados suficientemente sobre la capa de vermiculita. Pon la tapa sobre el plato y déjalo en la ventana.

Necesitas conocer el tamaño medio de los cotiledones en este estadio de crecimiento. Corta 20 cotiledones más y colócalos encima de una hoja de papel milimetrado. Con un lápiz bien afilado, dibuja los cotiledones resiguiéndolos por los bordes. Es importante que en el dibujo reflejes sus dimensiones con exactitud. Ahora calcula su área contando los cuadraditos que contiene cada hoja dibujada. Cuenta el total de cuadrados y redondea el valor de los que quedan partidos por la silueta con la mitad más grande dentro de ella; los que quedan partidos pero caen mayoritariamente fuera de la silueta, desprécialos. Suma el número total de cuadrados y divide por 20 para obtener el área media en milímetros cuadrados.

Controla semanalmente la marcha del cultivo de cotiledones y, al cabo de 3 o 4 días, sácalos de la cápsula. En este momento, probablemente ya han echado algunas raíces.

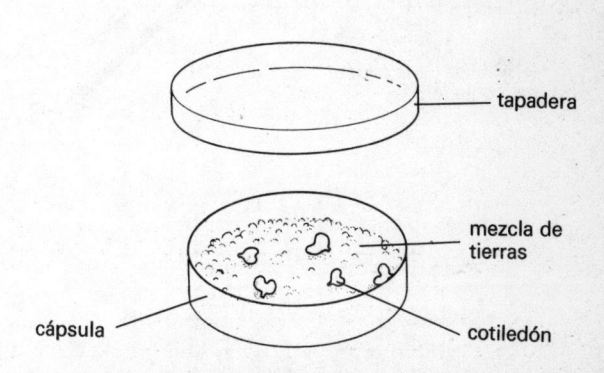

Cultivo de cotiledones de mostaza

Mide la longitud de cada raíz, en milímetros. Calcula la longitud total de raíces y divide por 20. Esto te da la longitud media de raíces por planta. Después, mide el área de los cotiledones del mismo modo que lo has hecho antes y calcula el promedio. ¿En qué porcentaje ha aumentado?

Medición del área de un cotiledón

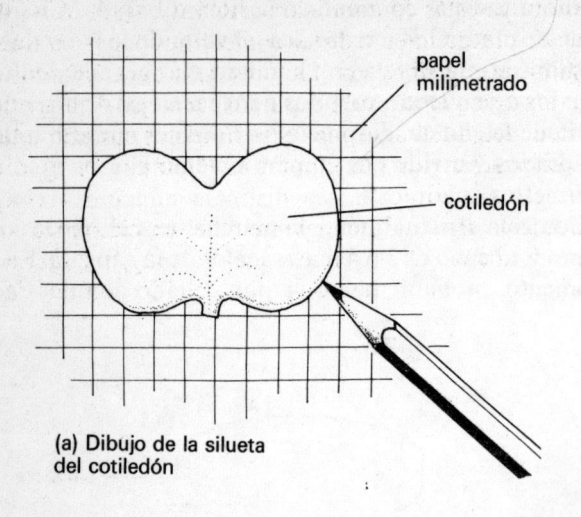

(a) Dibujo de la silueta del cotiledón

(b) Contaje de los cuadrados sombreados (área = 37 mm^2)

Otras cosas que observar

Ahora ya estás en condiciones de investigar cómo se ve afectado el crecimiento de los cotiledones por el suministro de minerales y por otros factores. Los experimentos que sugeríamos en el capítulo 8, para las lentejas de agua, también pueden adaptarse a los experimentos con cotiledones de mostaza. En lugar de plantas que flotan en el agua, casi sumerges la vermiculita en distintas soluciones, con los cotiledones encima. Puedes medir el crecimiento por el incremento medio del área y por la longitud media de las raíces.

13. Construye un microscopio con una gota de agua

Este microscopio es muy fácil de hacer y te permitirá ver gran cantidad de pequeños vegetales.

Material necesario

Un trozo de plancha de aluminio delgada. (Puedes cortarla de una lata.)
Una cajita pequeña, o un taco de madera, de unos 4 cm × 4 cm × 4 cm, *aproximadamente.*
Dos gomas elásticas.
Un martillo y un clavo.
Unas tijeras fuertes.

Operaciones previas

En primer lugar, corta una tira de chapa de aluminio de unos 10 cm de largo por 1 cm de ancho (no hace falta que esta medida sea exacta). Si la plancha de aluminio tiende a enroscarse mientras la cortas, colócala en una superficie plana y allánala con ligeros golpes de martillo. A continuación, practica un agujero cerca de uno de los dos extremos de la tira, con un clavo; el agujero debe ser más bien pequeño. Un ligero golpecito sobre el martillo hará que la punta del clavo *atraviese* el aluminio y deje un agujero suficientemente ancho; si, a pesar de todo, el agujero es demasiado pequeño, siempre podrás ensancharlo. Finalmente, dobla la tira de aluminio como en el dibujo.

Enciende una vela y mantén el extremo perforado de la tira de aluminio por encima de la llama. Coloca la tira en medio de la llama, más bien hacia abajo, de modo que quede pintada de negro por las dos caras. Sólo necesitas que se deposite hollín en el área que rodea el agujero. Coloca la tira sobre un trozo de papel de periódico doblado, pero antes asegúrate de que el aluminio no dañe la mesa. Antes de que el aluminio se enfríe, toma la vela e inclínala sobre la tira de aluminio, de modo que caiga una gota de cera, y extiéndela *alrededor* del agujero. No dejes que la cera bloquee el agujero. Pon una gota de cera también en la otra cara del aluminio, y añade más gotas si es necesario. Ahora deja que el aluminio se enfríe para que la cera endurezca.

Monta la tira en la caja, como se indica en el dibujo, y con una aguja de madera coloca una pequeña gota de agua justo encima del agujero. El microscopio ya está listo.

Pruebas

La gota de agua actúa como una lente. Como es pequeña y casi esférica, forma una lente que enfoca sobre objetos muy próximos. El secreto de este microscopio es colocar la gota *muy cerca* del objeto que quieres ver y poner, al tiempo, tu ojo también *muy cerca*, justo encima de la gota.

Primero puedes probar tu microscopio observando un papel de periódico. Corta un pequeño trocito y colócalo sobre el bloque de madera o la caja que hace de soporte y baja la tira de aluminio hasta que quede a pocos milímetros del papel. Acerca el ojo a la gota y ajusta su posición subiéndola o bajándola un poco hasta que veas claramente

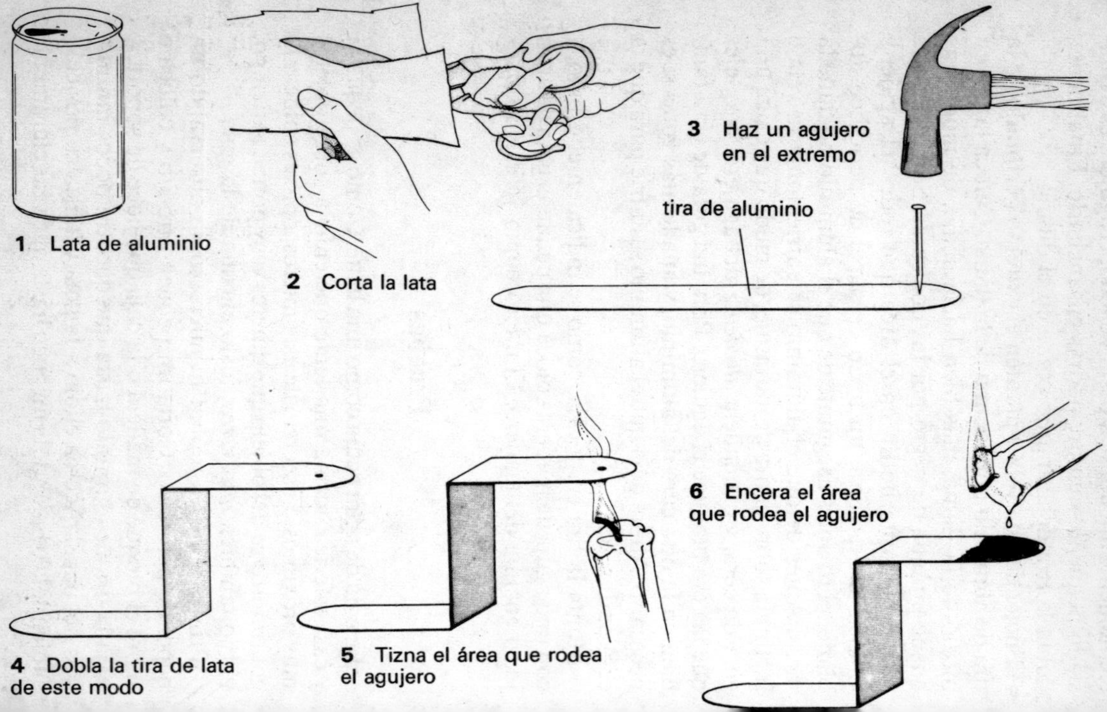

1. Lata de aluminio
2. Corta la lata
3. Haz un agujero en el extremo

tira de aluminio

4. Dobla la tira de lata de este modo
5. Tizna el área que rodea el agujero
6. Encera el área que rodea el agujero

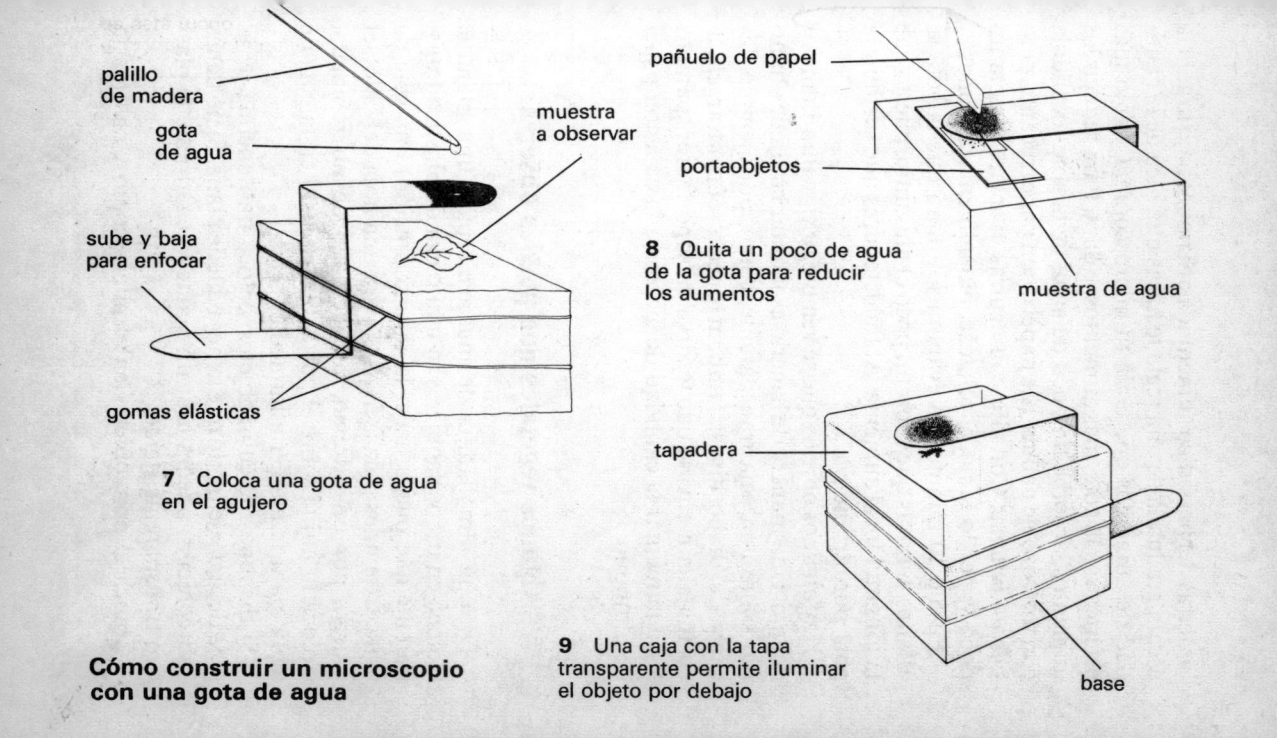

palillo de madera

gota de agua

sube y baja para enfocar

muestra a observar

gomas elásticas

7 Coloca una gota de agua en el agujero

pañuelo de papel

muestra de agua

portaobjetos

8 Quita un poco de agua de la gota para reducir los aumentos

tapadera

base

9 Una caja con la tapa transparente permite iluminar el objeto por debajo

Cómo construir un microscopio con una gota de agua

las letras del periódico aumentadas. Si pones bajo la gota la escala graduada de una regla te harás una idea de la cantidad de aumentos que te da tu microscopio. Cuanto más esférica sea la gota, más aumentos te dará. Para reducir los aumentos, absorbe un poco de agua de la gota tocándola con un trozo de pañuelo de papel o con papel secante, pero *sólo un instante*. Con ello conseguirás «vaciar» la gota un poco y, por lo tanto, el microscopio aumentará menos.

En 5 o 10 minutos, la evaporación hará que la gota se allane y tendrás que subir un poco el aluminio, puesto que la longitud focal aumenta. Al final, tendrás que sustituir la gota por otra nueva.

Hay algunos objetos que se ven mejor si se iluminan por debajo. Una manera de hacerlo es montar la tira de aluminio sobre una caja transparente, como, por ejemplo, las cajas de diapositivas; también puedes encontrar en la cocina algún envase que te sirva de soporte transparente. Para aumentar la cantidad de luz, forra la caja con papel de aluminio.

Algunos vegetales que puedes observar

De una almohadilla de musgos, separa una plantita. Coloca en un portaobjetos (o una pieza de plástico transparente que pueda hacer la misma función) una gota de agua. Con unas pinzas finas, separa una hoja del tallo del musgo, por un extremo, con cuidado de no romperla. Coloca la hojita sobre el portaobjetos, justo en la gota de agua, para mantenerla húmeda.

Si dispones de cubreobjetos, coloca uno encima de la gota de agua de modo que la hoja quede plana. Si no tienes cubreobjetos, puedes usar un pequeño cuadrado de plástico transparente rígido.

Coloca el portaobjetos en el microscopio y observa la

hoja de musgo. Probablemente, te darás cuenta de que sus bordes no son lisos como creías, sino que tienen hileras de puntitas, como una fina sierra. Si observas con atención, verás las células que forman la hoja. Cada una de estas células contiene pequeños puntos verdes: los cloroplastos.

Cómo montar una hojita de musgo en un portaobjetos

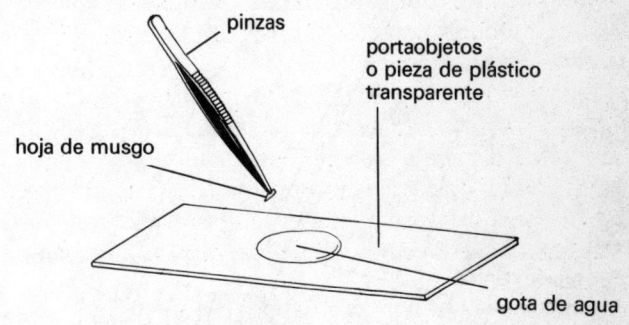

- pinzas
- portaobjetos o pieza de plástico transparente
- hoja de musgo
- gota de agua

1 Coloca la hoja en el agua

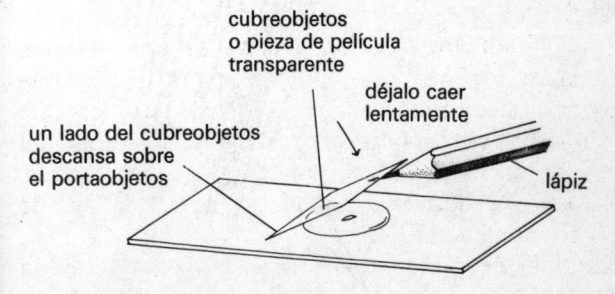

- cubreobjetos o pieza de película transparente
- déjalo caer lentamente
- un lado del cubreobjetos descansa sobre el portaobjetos
- lápiz

2 Deja caer el cubreobjetos lentamente, para evitar que se formen gotas de aire

117

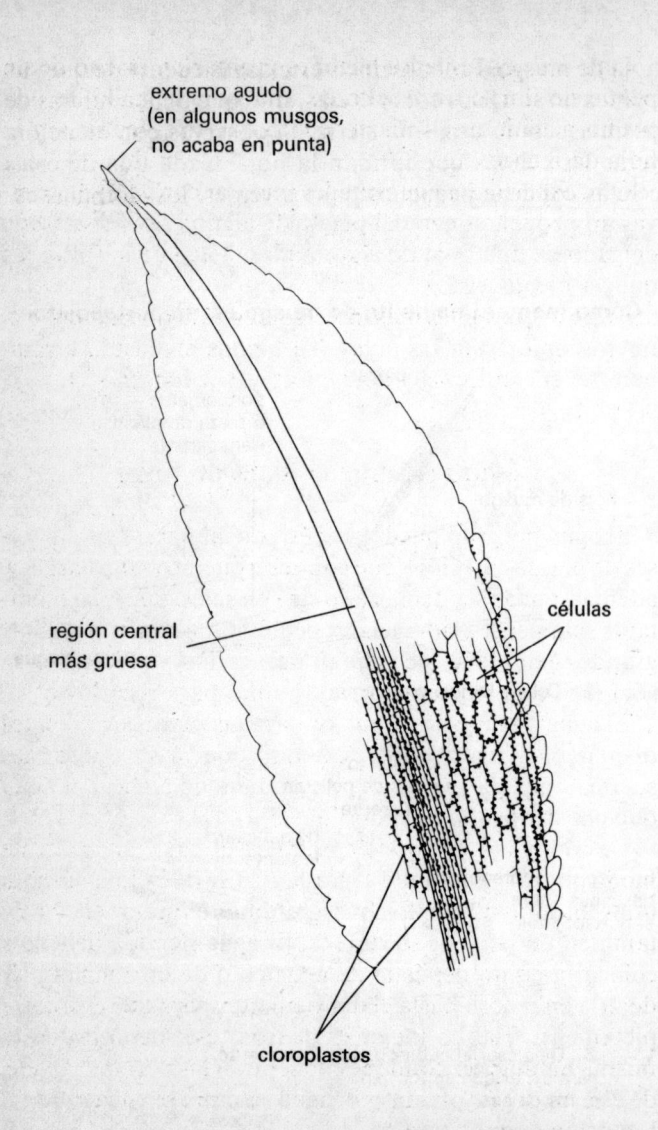

Una hoja de musgo a mucho aumento

- extremo agudo (en algunos musgos, no acaba en punta)
- región central más gruesa
- células
- cloroplastos

Otra cosa que puedes hacer es montar un trocito de un pétalo de flor, o un trocito de una hoja delgada de una planta acuática, del mismo modo que has hecho con la hoja de musgo.

Otro experimento que puedes intentar consiste en observar un pequeño trozo del pétalo de alguna flor, o un trozo delgado de una hoja de alguna planta acuática, como las que ya hemos visto.

Entre los vegetales más interesantes para observar con el microscopio están las algas. Ya hemos explicado la manera de encontrarlas y cultivarlas, en el capítulo 11.

Cómo preparar el agua de riego

El agua del grifo puede ser perjudicial para algunas clases de plantas. El cloro que contiene puede trastornarlas y, además, puede ser demasiado rica en sales. Puesto que tratarás solamente con vegetales pequeños, no vas a necesitar grandes cantidades de agua para regarlos. Por lo tanto, te será fácil tener siempre agua a punto para regarlos.

El agua de lluvia es lo mejor para las plantas. Si puedes disponer de un depósito exterior que la recoja, tienes suerte. Si no, piensa en alguna manera de recoger el agua que cae del tejado cuando llueve.

De todos modos, podemos tratar el agua del grifo de modo que no perjudique a las plantas, hirviéndola durante unos minutos. Con ello conseguiremos eliminar el cloro y también un poco de su dureza. El agua hervida debemos colocarla en un depósito de plástico o de otro material y dejarla en reposo hasta el día siguiente, para que esté completamente fría. Lo mejor es guardar este depósito en la misma habitación donde se encuentran las plantas, ya que, de este modo, las plantas y el agua siempre se encuentran a la misma temperatura.

Cómo preparar los fertilizantes

Cuando las plantas empiezan a desarrollarse, necesitan fertilizantes. Lo mejor es proporcionárselo disolviendo un fertilizante sólido, de los que venden en paquetes, y regándolas con esta solución.

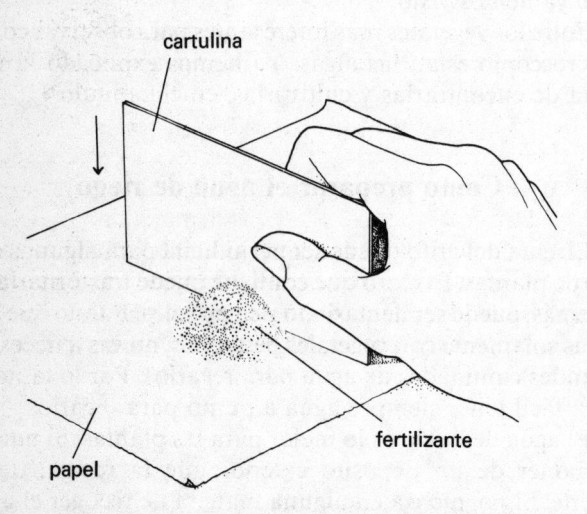

Cómo dividir la cantidad de fertilizante

Usa el fertilizante de acuerdo con las instrucciones que figuran en el paquete, y mézclalo con agua de lluvia para preparar la solución. Si sólo quieres preparar una pequeña cantidad de solución, la cantidad de fertilizante sólido que necesitarás probablemente sea menor de la que cabe en una cucharilla de café. Para medir una cantidad inferior a ésta, puedes proceder de la siguiente manera. Llena una cucharilla de fertilizante hasta el borde y vacíala encima de una hoja de papel. Sacude el papel con cuidado hasta conseguir reunir el fertilizante en un pequeño montón. Ahora corta exactamente por la mitad el montón utilizando un cuchillo o, simplemente, una tarjeta de cartulina. Devuelve una de las dos mitades al paquete y deja la otra en el papel. A continuación, si te interesa tener cantidades todavía más pequeñas de fertilizante, puedes cortar otra vez por la mitad el montón, y obtendrás una cuarta parte de una cucharilla; y si repites la operación conseguirás tener una octava parte. Mezcla la cantidad de agua necesaria y agita bien la mezcla para asegurar que el fertilizante se ha disuelto completamente en el agua.

Cuando tengas que regar las plantas con esta solución, ten cuidado de que no toque las hojas, ni los tallos, ni las flores. Si, por lo que sea, ves que has mojado la planta con la solución de fertilizante, lávala con *un poco* de agua; no utilices demasiada porque diluirás la solución con la que la acabas de regar, y agua y fertilizante se perderán hacia el fondo de la maceta.

Índice

La vida de las plantas pequeñas	5
1. Esporas que dan helechos	7
2. Un jardín de musgos	15
3. Plantas que se alimentan de insectos	26
4. Cultivo de plantas por esqueje	33
5. Un jardín en miniatura	41
6. Un césped silvestre	50
7. Un miniherbario	61
8. Las lentejas de agua	70
9. Las semillas	80
10. Cultivo de cactos	89
11. Vegetales acuáticos en miniatura	95
12. Cómo medir el crecimiento de las plantas	104
13. Construye un microscopio con una gota de agua.	112
Cómo preparar el agua de riego	119
Cómo preparar los fertilizantes	120

El Libro de Bolsillo
para jóvenes lectores

1. CANCIONES Y POEMAS PARA NIÑOS. Federico García Lorca
2. DONDE DUERME EL AGUA. Ángela C. Ionescu
3. CON PLUMA Y PINCEL. José Luis Velasco
4. LEYENDAS DE CATALUÑA. Anónimo
5. MADRE NIEVE. Hermanos Grimm
6. JUEGOS PARA VIAJES. Deborah Manley y Peta Rée
7. UN ROSTRO TRAS LA VENTANA. Wolfgang Ecke
8. MIS ABUELOS LOS INDIOS PIELES ROJAS. William Camus
9. LO QUE EL VIENTO CUENTA DE VALDEMAR DAAE. H. C. Andersen
10. AVENTURAS EN EL BAÚL DE LOS JUGUETES. Janosch
11. LEYENDAS DE ANDALUCÍA. Anónimo
12. LA MÁQUINA ANALÍTICA. Jeremy Bernstein
13. REVENTONES Y ALAMBRETES. André Maurois
14. DOCE CUENTOS DE CERDEÑA. Grazia Deledda
15. EL TALLER DE LOS EXPERIMENTOS. Varios
16. JUEGOS VISUALES. Karl H. Paraquin
17. ESCENARIOS FANTÁSTICOS. Joan Manuel Gisbert
18. HISTORIA DE MI INFANCIA. León Tolstoi
19. ¡AIRE, QUE ME LLEVA EL AIRE!. Rafael Alberti
20. EN EL FONDO DE LA CAVERNA. Ángela C. Ionescu
21. CUENTOS POPULARES ESPAÑOLES. Anónimo
22. DIOSES Y HÉROES GRIEGOS. Blas Carmona
23. YO VOY SOÑANDO CAMINOS. Antonio Machado
24. CONSTRUYAMOS UN MOTOR. Ramón Gonzalo Fernández
25. EXPERIMENTOS ELÉCTRICOS. Rudolf F. Graf
26. ARRIBA, EN EL MONTE. Ángela C. Ionescu
27. LA VISITA DEL ENANO EXTRATERRESTRE. Eduardo Quiles
28. EL EXTRAÑO ADIÓS DE ODIEL MUNRO. Joan Manuel Gisbert
29. LA REBELIÓN DE LOS ESPEJOS. Stella Maris Moragues
30. EL PUCHERO DE ORO. Ernst T. A. Hoffmann
31. EL CASTILLO DE LOS MONOS ROJOS. Wolfgang Ecke
32. EL REY DE LOS LADRONES. Hermanos Grimm
33. ES LA PURA VERDAD. H. C. Andersen

34 CUENTOS Y LEYENDAS DEL JAPÓN, Amparo Takahashi
35 HAGAMOS CERÁMICA, María Dolores Giral
36 LA NOCHE DEL VIAJERO ERRANTE, Joan Manuel Gisbert
37 CUENTOS CON CUENTAS, Miguel de Guzmán
38 LEYENDAS DE GALICIA Y ASTURIAS, Anónimo
39 LEYENDAS DE CASTILLA, Anónimo
40 SE FUE POR EL PUENTE, Ángela C. Ionescu
41 PALOALTO Y LOS HOMBRES EXTRAORDINARIOS, Jesús Ballaz
42 LOS ESPINGORCIOS, Miguel de Guzmán
43 LEYENDAS DEL PAÍS VASCO Y NAVARRA, Anónimo
44 CONTRA LA MUERTE NEGRA, EPIDEMIAS Y VACUNAS, Agustín Albarracín
45 LA SONÁMBULA EN LA CIUDAD-LABERINTO, Joan Manuel Gisbert
46 AVENTURAS CON LOS ANIMALES PEQUEÑOS, Owen Bishop
47 EL ARTE DE HACER COMETAS DE PAPEL, Salvador Montserrat
48 MAGIA MATEMÁTICA, Isidoro Lander
49 DE UN PAÍS LEJANO, Ángela C. Ionescu
50 LEYENDAS POPULARES ESPAÑOLAS, Anónimo
51 LEYENDAS DE RUSIA, Anónimo
52 EL CABALLO DE ÉBANO Y OTROS CUENTOS DE LAS MIL Y UNA NOCHES, Anónimo
53 DIBUJEMOS CÓMICS, Jordi Vives
54 LEYENDAS NÓRDICAS, Anónimo
55 EL REGRESO DE ION EL EXTRATERRESTRE, Eduardo Quiles
56 LAS CRIPTAS DE KAUA Y OTRAS LEYENDAS DE AMÉRICA, Anónimo
57 LOS DESCENDIENTES DEL SOL Y OTRAS LEYENDAS DE AMÉRICA, Anónimo
58 AVENTURAS CON PLANTAS PEQUEÑAS, Owen Bishop